Andreas Erle

Digitale Welt einfach erklärt

Spurlos im Internet

Tracking verhindern, Daten schützen, anonym surfen, VPN nutzen

2., aktualisierte Auflage

Stiftung Warentest

Inhaltsverzeichnis

142

Welche Rechte können Sie dank der Datenschutz-Grundverordnung geltend machen?

151

Ihr Smartphone ist ein wahrer Alleskönner. Was bedeutet das für Ihre Daten?

175

Wie stellen Sie sicher, dass Ihr Sprachassistent nur das hört, was er hören soll?

Sie haben etwas zu verbergen!

Das Internet – unendliche Weiten. Und auch unendliche Mengen von Daten. Wenn Sie eine Seite aufrufen, hinterlassen Sie Spuren. Wenn Sie online etwas kaufen, geben Sie Daten ein. Wenn Sie eine E-Mail verschicken: Daten. Soziale Netzwerke? Daten, Daten, Daten. Es lohnt sich, etwas genauer hinzuschauen: Welche Daten schwirren da draußen herum und was ist deren Nutzen oder Risiko?

Anonymität schafft Privatsphäre

Es gibt nahezu endlos viele Geräte, die miteinander vernetzt sind. Nicht nur PC, Tablet und Smartphone, sondern auch Ihr Fernseher, der Sprachassistent, Ihre Webcam im Ferienhaus und der intelligente Rauchmelder – sie alle sammeln Informationen, oder anders genannt: Daten. Diese Geräte stehen nicht allein da, sondern sie verbinden sich. Über das Internet, im heimischen Netzwerk, durch eigene sogenannte Mesh-Netzwerke. Damit befinden sich Ihre Daten nicht nur an einem Ort, sondern wandern von Gerät zu Gerät, von Speicher zu Speicher. Eines sollten Sie dabei nicht vergessen: Diese Daten gehören Ihnen. Die klassische Aussage „Ich habe nichts zu verbergen“ nehmen viele zurück, sobald ihnen klar wird, wie viel vermeintlich harmlose Daten verraten und für welche Zwecke sie sich verwenden lassen. Sie sollten selbst entscheiden (können), wer welche Daten von Ihnen sieht und nutzt.

Chance oder Falle?

Die öffentliche Diskussion geht seit einigen Jahren deutlich in eine Richtung: Datenschutz geht vor allem anderen, wer Daten verarbeitet, ist ein potenzieller Bösewicht, und Datenlecks sind ohnehin die Schuld, ja vielleicht sogar Absicht desjenigen, der die Daten gespeichert hat. Die Unternehmen, die Ihre Daten verwenden, haben da eine ganz andere Sicht: Sie bekommen eine Dienstleistung, da-

für bekommen die Unternehmen Ihre Daten. Ein einfaches Geschäft. Wie immer liegt die Wahrheit irgendwo dazwischen.
Uns Nutzern ist eine gewissermaßen schizophrene Haltung eigen: Wenn wir etwas gut finden, dann schieben wir unsere Bedenken beiseite. Nur, um sie dann wieder hervorzuholen, wenn es uns in den Kram passt. Ein paar Beispiele gefällig?

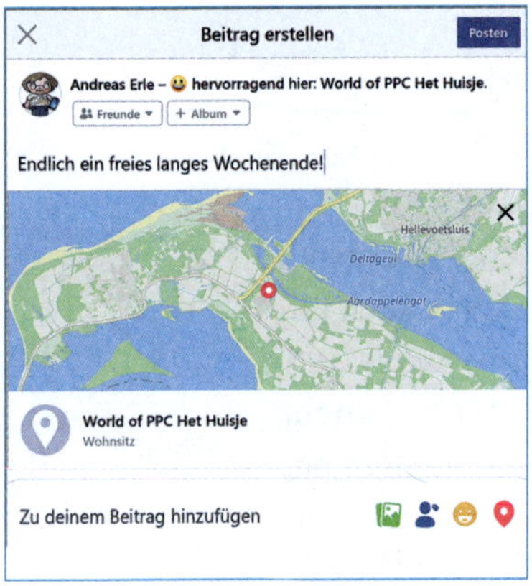

Die sozialen Netzwerke sind oft ein Jahrmarkt der Eitelkeiten. Wir fühlen uns gut, wenn wir der Welt mitteilen können, dass wir gerade an einem tollen Ort Urlaub machen. Die Kehrseite: Jeder, der den entsprechenden Eintrag sieht, weiß, dass wir nicht zu Hause sind. Optimale Voraussetzungen für einen Einbruch!
Oder die Sprachassistenten: Nicht erst seit Amazons Alexa sind Sprachassistenten in Mode. Von den ersten Diktierprogrammen bis Siri, Bixby und Cortana nutzen wir die Freiheit und den Komfort der Sprachbedienung, auch in dem Bewusstsein, dass diese Daten an irgendeiner Stelle verarbeitet und in ausführbare Befehle umgesetzt werden müssen. Eine ständig zuhörende Wanze im Smartphone hingegen? Das möchte wiederum niemand. Ganz frisch: Die künstlichen Intelligenzen (KI) wie der ChatBot ChatGPT oder Google's Bard begeistern uns alle. Diese Tools müssen aber lernen – und nutzen so alles an Daten, was sie in ihre virtuellen Finger bekommen.
Vielleicht noch deutlicher macht es die – durchaus angemessene – Skepsis gegenüber den großen Konzernen. Google, Microsoft, Apple, Amazon und viele mehr sind so in unser Leben integriert, dass sie unvermeidbar Daten sammeln. Allein mag man das noch akzeptieren. Als Meta / Facebook 2014 aber den Messenger WhatsApp übernahm, gab es einen Aufschrei: Facebook noch mehr Daten in den virtuellen Hals werfen? Für viele keine Option, selbst für zuvor eifrige Nutzer von WhatsApp und Facebook.

Hier wurden viele Anwender einfallsreich: Weniger datenhungrige Alternativen sollten her. Für WhatsApp gab es mit Threema eine Alternative, die eine wirklich vertrauliche Kommunikation ermöglichen sollte. Erst wenn zwei Geräte sich tatsächlich einmal „gesehen" hatten, gelten sie als vertrauenswürdig. Das Verfahren ist einfach: Zeig mir den QR-COde auf deinem Bildschirm, ich scanne ihn – dann kennen wir uns Klingt gut? Prinzipiell schon. Wenn da nicht der ein oder andere Schlaukopf auf die Idee gekommen wäre, seinen geheimen Threema-QR-Code auf Facebook zu posten, damit all seine Freunde ihn scannen konnten. Vertraulichkeit geht anders.

Anonymität als Schutz

Ein immer wieder genannter Begriff in diesem Zusammenhang ist Anonymität. Wikipedia definiert diesen Begriff so:

→ Anonymität

Anonymität (von altgriechisch anónymos „ohne Namen") bezeichnet das Fehlen der Zuordnung einer Person zu einer von ihr ausgeübten Handlung bis hin zur absichtlichen Geheimhaltung. Sie kann zum Schutz der Freiheit des Einzelnen dienen. Der Gesetzgeber hat sie deswegen in verschiedenen Bereichen vorgesehen. So werden etwa das Wahlgeheimnis verpflichtend, die anonyme Information, Meinungsäußerung und Versammlung als Rechte verfassungsrechtlich garantiert.

Im Internet bedeutet Anonymität, dass das, was Sie online tun, und die Daten, die Sie dabei hinterlassen, nicht auf Sie als Person zurückgeführt werden können. Je anonymer Sie im Internet sind, desto weniger kann Ihnen passieren. Wer Sie nicht kennt, kann Ihnen nichts Böses. Damit ist es eines der wichtigsten Ziele bei der Nutzung des Internets und seiner Dienste, die Anonymität zu wahren. Wichtig zu unterscheiden: Anonymisierte Daten sind nicht wiederherstellbar. Ist das doch möglich, dann spricht man „nur" von einer Pseudonymisierung. Die ist weniger sicher!

Private Daten: Währung und Risiko

Wenn die vorangegangenen Ausführungen den Eindruck erweckt haben, dass die Preisgabe Ihrer Daten immer ein Risiko und das Internet deshalb „böse“ ist, dann ist das nur ein Teil der Wahrheit. Das Internet funktioniert nun mal nur mit Daten und mit dem Bezug zu Personen. Wenn Sie in Ihrem Browser eine Internetseite aufrufen, indem Sie deren Adresse eingeben, dann muss ja in irgendeiner Form hinterlegt sein, wohin die aufgerufene Webseite „geliefert“ werden soll. Das funktioniert über die IP-Adresse, die von Ihrem Internetanbieter automatisch vergeben wird, wenn Ihr Router eine Verbindung zum Internet aufbaut.

Diese IP-Adresse ist über eine gewisse Zeit gültig und über den Anbieter Ihrem Anschluss – und damit Ihnen – zuordenbar, damit nur pseudonymisiert. Die seit Jahren schwelende Diskussion um die Vorratsdatenspeicherung dreht sich genau um diesen Punkt: Wie lange muss der Bezug zwischen IP-Adresse und Anschlussinhaber gespeichert bleiben und wer hat unter welchen Bedingungen Zugriff darauf?

Onlineshopping leicht gemacht

Wenn Sie im Internet einkaufen, dann ist es viel bequemer, einmal ein Benutzerkonto beim Händler anzulegen, statt immer wieder Ihre Adresse und die Bankverbindung manuell einzugeben. Damit

hinterlassen Sie natürlich schon vor dem ersten Einkauf Daten. Bei jedem Einkauf werden es mehr: Die gekauften Artikel kommen hinzu, Dinge, die Sie sich angesehen haben, und vieles mehr.
Auch das Thema Werbung ist in diesem Zusammenhang zu sehen: Haben Sie sich schon einmal darüber gewundert, dass Ihr bevorzugter Internethändler immer die richtigen Sachen im virtuellen Schaufenster hat, die fast hundertprozentig Ihren Vorlieben entsprechen? Das liegt einfach daran, dass der Händler Ihr Einkaufsverhalten kennt. Wenn Sie sich mit Ihrem Kundenkonto anmelden, dann wird eine kleine Datei, ein sogenannter Cookie, gespeichert. Damit werden Sie identifiziert, wann immer Sie die Internetseite des Shops aufrufen. Die Identifikation über den Cookie und das von Ihnen gespeicherte Einkaufsverhalten ermöglichen dann zielgerichtete Werbung.

Wenn Sie als Thriller-Fan plötzlich Kinderbücher angeboten bekommen, dann müssen Sie sich normalerweise keine Sorgen machen. Fragen Sie doch einfach in der Familie herum, wer gerade mit Ihrem PC gesurft hat. Die Wahrscheinlichkeit ist hoch, dass ein Familienmitglied hier der „Schuldige" ist und nicht etwa ein Sicherheitsvorfall wie ein gehacktes Konto!

Ohne Ihre Daten geht es nicht

Nun haben Sie vielleicht gar kein Interesse an personalisierter Werbung und daher den Anspruch, im Internet möglichst wenige Daten zu hinterlassen. Das ist sicher kein schlechter Ansatz, doch es kann nicht bedeuten, dass Sie als Internetnutzer gar keine Daten von sich preisgeben.
Das würde schlicht nicht funktionieren, da Sie dann bestimmte Programme und Dienste nicht mehr nutzen könnten. Was bringt Ihnen ein Navigationsprogramm ohne Ihre aktuelle Position? Und

wie wollen Sie etwas in einem Onlineshop bestellen, ohne ihm die Lieferadresse mitzuteilen?
Auch die viel gescholtenen sozialen Netzwerke leben ja davon, dass Sie aktuelle Lebensereignisse mit anderen Anwendern – Ihren (virtuellen) Freunden – teilen. Ohne Daten keine Freundschaften, ohne Freundschaften keine Beiträge, der Sinn eines sozialen Netzwerkes wäre dahin.

Ihre Spuren im Netz

Der Datenschatten, den Sie unweigerlich im Internet hinterlassen, hat also zwei Seiten: Auf der einen Seite ist er nahezu unvermeidbar, damit das Internet funktioniert und für Sie halbwegs komfortabel ist. Auf der anderen Seite birgt er das Risiko, dass Ihre Daten in falsche Hände gelangen und missbraucht werden.

→ Was ist ein Datenschatten?

Der Begriff des Datenschattens hat sich in den letzten Monaten immer mehr verselbstständigt. Darunter versteht man die Wolke an Daten, die jeder Anwender unweigerlich hinter sich herzieht, und das vollkommen ungewollt.

Der Prozess beginnt, wenn Sie irgendwelche Daten bei einer Webseite hinterlassen – oder auch bei einem Händler in der realen Welt. Denn Letzterer macht am Ende auch nichts anderes, als diese Daten in seinen PC einzugeben. Die Daten dienen einem bestimmten Zweck und müssen verarbeitet werden, damit die gewünschte Dienstleistung erbracht werden kann. So gelangen Ihre Daten vollkommen rechtmäßig an weitere Parteien, die dann wieder etwas damit machen.
Eigentlich – das ist eine rechtliche Anforderung des Datenschutzes – müssen Ihre Daten nach einer gewissen Zeit gelöscht werden. In vielen Fällen geschieht das aber nicht: Daten bleiben schier endlos gespeichert und sind damit dauerhaft verfügbar.

Über die Zeit kommen weitere Daten hinzu. Verschiedene Datenquellen werden miteinander verknüpft und durch Algorithmen verarbeitet, Daten aus anderen Quellen angereichert und ausgewertet. Irgendwann ist Ihr Datenschatten komplett: eine Datenwolke Ihrer Vorlieben, Meinungen, Interessen, Lieblingsorte, Freunde etc. Wer Ihren Datenschatten kennt, der kennt Sie besser als Sie sich selbst. Der Datenschatten enthält objektive Tatsachen. Ein Mensch mag diese nur mit Mühe auswerten können. Eine Künstliche Intelligenz (KI) leitet daraus in Millisekunden eine Vielzahl an Schlüssen über Ihr Verhalten und ihre Vorlieben ab und lernt über Sie.

Sind Sie schon öffentlich?

Ein großer Datenschatten führt schnell dazu, dass Sie selbst nicht mehr befragt werden müssen, wenn es darum geht, eine Entscheidung für Sie zu treffen. Ob es nun um eine Kreditvergabe, ein Jobangebot oder eine personalisierte Werbung geht: Die Systeme greifen auf Ihre Daten zu und fällen eine automatisierte Entscheidung.

Info

Wie viel können Daten verraten? Zu viel, wie eine junge Amerikanerin erfahren musste, als ihre bisher geheim gehaltene Schwangerschaft rüde der Familie bekannt gemacht wurde: Analysten der Supermarktkette Target hatten bei der Auswertung der Kaufdaten erkannt, dass der Kauf bestimmter Produkte, etwa parfümfreier Lotions oder spezieller Nahrungsergänzungsmittel, direkt mit einer Schwangerschaft in Verbindung steht. Target errechnete auf diese Weise einen „Schwangerschafts-Vorhersage-Wert“. So kam es, dass die junge Frau plötzlich Coupons für Babykleidung, Schwangerschaftskleidung und Babyausstattung zugeschickt bekam – zur Überraschung ihrer ahnungslosen Familie.

Sie bekommen nicht mal mit, was dann am Ende dazu führt, dass diese positiv oder negativ ausfällt.

Als die Gesellschaft anfing, sich über Datenschutz und das Recht auf Privatsphäre Gedanken zu machen, war die Vision des „gläsernen Bürgers" einer der Auslöser, von staatlicher Seite regulierend einzugreifen. Viele Jahre später zeigt sich, dass die Befürchtungen nicht unberechtigt waren. Onlineshopping, soziale Netzwerke, biometrische Sensoren in Geräten und Smartphones als Immer-dabei-Datensammler und KIs als Auswertwerkzeuge haben dazu geführt, dass Sie quasi gläsern sind, und das nur halb freiwillig.

Ganz schützen können Sie sich nicht vor einem Datenschatten. Teilweise bringt er sogar Vorteile, weil Sie objektiver bewertet werden. Der Kerngedanke des Datenschutzes ist jedoch: Sie sollen selbst entscheiden können, was andere über Sie wissen dürfen und welche Informationen über Sie gespeichert sind. Wenn Sie aufgrund der bisherigen Ausführungen befürchten, dass Sie keine Chance haben, dies zu erreichen, dann seien Sie beruhigt: Alle Geräte, mit denen Sie arbeiten, bieten Ihnen Möglichkeiten, Einfluss darauf zu nehmen.

Der Super-GAU Datenleck

Genau diese Situation will jeder Anwender, gleich wie er das Internet nutzt, vermeiden: dass seine Daten in falsche Hände gelangen. Es ist vollkommen egal, ob es sich dabei um die Art der Bücher, die Sie lesen, oder gleich die Liste der Medikamente, die Sie bei einer Onlineapotheke bestellen, handelt. Aus all diesen Daten lassen sich mit wenig Aufwand Rückschlüsse ziehen. Je mehr Daten jemand zur Verfügung hat, desto genauer ist das Bild, das er von Ihnen zeichnen kann. Und je genauer er Sie kennt, desto besser kann er Ihr Verhalten vorhersagen und Ihnen Dinge vorgaukeln, die Sie gerne glauben wollen.

Noch schlimmer: Kommen Angreifer an Ihre Daten, dann können sie im schlimmsten Fall sogar Ihre Identität übernehmen, also im Internet so agieren, als seien sie Sie. Das führt dann nicht nur zu einem Reputationsschaden, sondern kann auch immense finanzielle Schäden mit sich bringen. Bestellungen, die mit Ihrem Kundenkonto und damit Ihren Zahlungsdaten getätigt und an eine fremde Adresse geliefert werden, abstruse Meinungen, die in Ihrem Namen geäußert werden und vieles mehr. Das sind nicht nur Schreckgespenster, sondern so etwas kommt immer wieder vor.

Es ist unmöglich, alle ernst zu nehmenden Hacks aufzulisten, die bisher stattgefunden haben. Hier finden Sie einige derer, die besonders viel Aufsehen erregt haben.

Info

Sind Sie betroffen? In regelmäßigen Abständen gibt es Nachrichten über gehackte Benutzerkonten, frei im Internet auffindbare persönliche Daten oder Angriffe auf Netzwerke. Es lässt sich nicht mit Sicherheit sagen, ob Sie schon einmal betroffen waren. Sie können aber unter der Adresse https://haveibeenpwned.com/ nachsehen, ob Ihre E-Mail-Adresse (die in den meisten Fällen gleichzeitig Ihr Benutzername bei der Anmeldung auf einer Webseite ist) schon einmal in einer im Internet zum Kauf angebotenen Datenbank gefunden wurde. Falls ja, sollten Sie schnellstmöglich Ihr Passwort ändern. Die Webseite wird regelmäßig erweitert, wenn es ein neues größeres Datenleck gab.

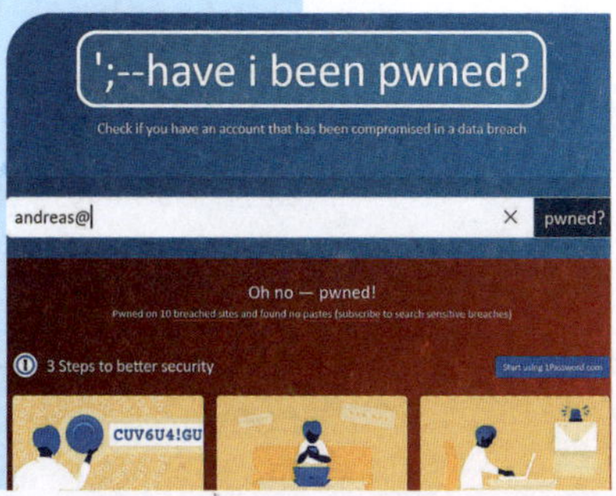

Collection #1

Collection #1 war eigentlich kein eigenes Datenleck, sondern eine Kombination von vielen. Die Datenbank, die im Januar 2019 im Internet gefunden wurde, enthielt 2,7 Milliarden Einträge mit 773 Millionen E-Mail-Adressen und zugehöriger Passwörter. Offensichtlich waren hier Datenbanken aus anderen Hacks mit neuen Datensätzen zusammengemischt und dann als eine große Datenbank verkauft worden. Wenn Sie die Kombination aus E-Mail und Passwort häufiger nutzen (was keine gute Idee ist!), besteht die hohe Chance, dass jemand versucht, diese Kombination bei allen möglichen Shops zu testen – und bei Erfolg davon Gebrauch zu machen.

PlayStation Network

Was kann an einem Benutzerkonto einer Spielekonsole gefährlich sein? Nun, zum einen bestehen die Zugangsdaten auch hier aus E-Mail-Adresse und Passwort, zum anderen können im Konto richtige Werte liegen: Spieler sammeln über die Jahre Auszeichnungen, Ausrüstungsgegenstände, Reputation in der Spielewelt. Und sie hinterlegen eine echte oder virtuelle Währung, um Software, Erweiterungen oder Ausrüstung für die Konsole oder die Spiele zu kaufen. Ist das Konto gehackt – was bei Sonys PlayStation Network leider schon mehrfach vorgekommen ist –, dann ist all das in Gefahr.

Der Facebook-Hack

Wer hat die meisten Informationen von Ihnen, weil Sie sich bei der Nutzung im privaten Bereich, quasi unter Freunden fühlen? Richtig: Die sozialen Netzwerke. Facebook hat im Jahr 2021 mal eben die Daten von 500 Millionen Benutzern verloren. Namen, Geschlecht, Geburtsdaten, Wohnort, Arbeitgeber und so einiges mehr. Was diesen Hack so kritisch macht: All diese Datensätze sind den Telefonnummern zugeordnet und lassen sich damit nicht nur elektronisch, sondern auch im normalen Leben verwenden.

Der Mastercard-Hack

Kreditkartenunternehmen sind ein beliebtes Ziel von Hackern. Die Kombination aus Kreditkartennummer, Sicherheitscode und Name des Karteninhabers bietet schnellen Erfolg: Ist die Transaktion auf die Kreditkarte einmal freigegeben, dann sind Geld oder bestellte Ware kaum noch aufzuhalten. Diese Erfahrung musste Mastercard im August 2019 gleich doppelt machen: Erst fanden sich im Internet die Daten Zehntausender Kunden des Bonusprogramms „Priceless Specials" mit Vor- und Nachname, Geburtsdatum, E-Mail-Adresse und teilweise auch Postanschrift und Handynummer. Zusätzlich waren darin bis auf wenige Ziffern unkenntlich gemachte Kreditkartennummern enthalten. Einige Tage später fand sich eine vom Umfang her nahezu identische Datei mit kompletten Kreditkartennummern im Netz. Viele Betroffene tauchten in beiden Dateien auf. Auch wenn die Sicherheitscodes fehlten, die für einen unmittelbaren Missbrauch nötig gewesen wären, war das ein Schock für die Betroffenen.

Vodafone und die Kundendaten

Mobilfunkanbieter haben eine Menge Kundendaten gespeichert. Normalerweise liegen diese sicher in Datenbanken. Es sei denn, jemand kopiert sie sich. So geschehen im Jahr 2013, als die Daten von zwei Millionen Vodafone-Kunden gestohlen wurden. Offensichtlich durch einen Insider, der sich Zugang zu den Datenbanken verschafft hatte. Zu den gestohlenen Daten gehörten Name und Vorname, das Geburtsdatum, das Geschlecht, die Bankleitzahl und die Kontonummer. Vodafone schrieb alle Betroffenen an und versuchte zu beruhigen: Es sei nach Angaben unabhängiger Sicherheitsexperten nicht möglich, mit den gestohlenen Daten direkt auf Bankkonten zuzugreifen. Nun, direkt vielleicht nicht. Allerdings sind Bankverbindung, Geburtsdatum und Adresse meist die Daten, die zur Absicherung bei einer telefonischen Anfrage bei Versicherungen und Banken abgefragt werden.

Wo sind Ihre Daten?

Daten von sich preiszugeben, erscheint risikoreich. Doch es geht nicht anders. Ohne Adresse kein Versand von Ware, ohne Kontoverbindung keine Zahlung, ohne Suchmaschine keine Suchergebnisse. Sie werden es nicht schaffen, das Internet komplett anonym zu nutzen, aber es hilft schon mal zu wissen, wo überhaupt welche Daten vorhanden sind und wer diese Daten sammelt. Denn dann können Sie bewusster mit Ihren Daten umgehen.

Protokolldateien und Telemetrie

Einer der größten Datenspeicher, den Sie benutzen, sind Ihre technischen Geräte. Der PC oder Mac, das Tablet, diese Geräte nutzen Sie für alle erdenklichen Tätigkeiten. Ob Sie einfach nur in Windows herumnavigieren oder in einem Programm Daten eingeben, automatisch werden Protokolle erzeugt, Dateien abgelegt und Elemente zwischengespeichert. Die meisten Daten sind notwendig und in den richtigen Händen vollkommen unkritisch.

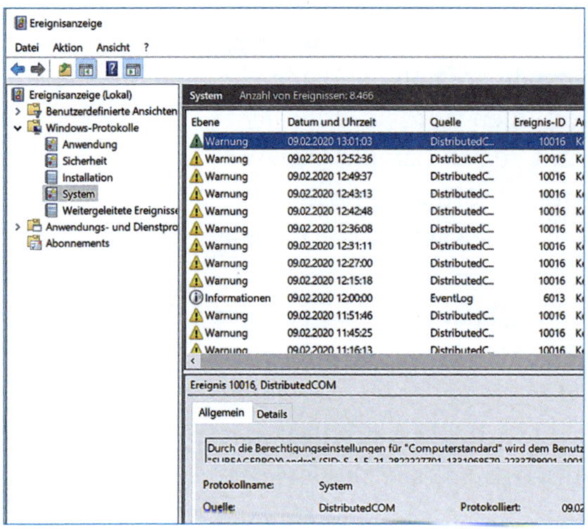

Ein Betriebssystem wie Windows oder macOS ist ein komplexes System, in dem viele Komponenten ineinandergreifen. Das, was Sie sehen, also die Apps und die Benutzeroberfläche, ist nur die Spitze des Eisbergs. Der Anbieter sammelt eine Menge von Daten, aber nicht, um Sie auszuspionieren, sondern um ein einwandfrei laufendes System sicherzustellen. Egal, was Sie tun, es wird standardmäßig aufgezeichnet und ausgewertet.

Die Ereignisanzeige beispielsweise gibt Ihnen einen guten Überblick, was im System passiert ist. Anmeldeversuche, Fehler in den Geräten und Apps, Abstürze, Freigaben von Ressourcen und vieles mehr können Sie darin sehen und damit einen Eindruck bekommen, was das Betriebssystem so alles mitschreibt.
Auch die Telemetriedaten sind eine riesige Quelle an Informationen. Dabei handelt es sich um Messwerte, die an den Anbieter übermittelt werden: Abstürze, besondere Ereignisse, Auslastung von Prozessor und Speicher und vieles mehr. Microsoft kombiniert die Daten der Windows-Systeme mit denen der Cloud-Dienste wie Microsoft 365 und analysiert diese zur Produktverbesserung. Eine größere Menge an (unfreiwilligen) Testern kann man kaum bekommen!

→ Daten sammeln für mehr Sicherheit

Alle möglichen Informationen werden anonymisiert an die Microsoft-Server weitergeleitet. Treten bestimmte Fehlersituationen wiederholt und bei verschiedenen Anwendern auf, dann wird dies erkannt. Hier hat die Datensammlung einen positiven Effekt: Anhand der Auswertungen können Fehler entdeckt und in einem der folgenden Updates behoben werden. Davon profitieren alle Anwender.

Die Benutzerdaten

Auf einem PC wie auch auf einem Mac können sich mehr als ein Benutzer anmelden. Zu einem Benutzer gehören dann immer bestimmte Verzeichnisse, die die Dokumente, die Videos, die Bilder und auch Einstellungen und andere Dateien enthalten. Auch wenn diese Dateien immer nur für den jeweils berechtigten Benutzer zugänglich sind und kein anderer Benutzer darauf zugreifen kann, sind sie trotzdem auf dem Gerät gespeichert.
Wenn Sie an einem Computer in einem Firmennetzwerk arbeiten, finden sich diese Profile nicht nur lokal auf Ihrem Rechner, son-

dern auch auf einem zentralen Server. Bei jeder Anmeldung werden automatisch die Benutzerdaten vom Server heruntergeladen und lokal gespeichert.

Die Historie Ihrer Sitzungen

Wenn Sie mit Windows oder macOS arbeiten, führen Sie bestimmte Schritte immer wieder aus. Ob Sie nun eine Datei öffnen und diese später weiterbearbeiten oder eine Webseite aufrufen und später wiederfinden möchten: Die Betriebssysteme sammeln diese Informationen und stellen Sie Ihnen dann wieder zur Verfügung. Die Historie der geöffneten Dateien in den Office-Programmen, die Liste der geöffneten Webseiten, Suchvorschläge in Bing, all diese Informationen sind ungemein hilfreich. Allerdings sind sie auch mit Risiken verbunden. Vielleicht wollen Sie zum Beispiel nicht, dass ein Kollege sieht, dass Sie mehrfach ein bekanntes Jobportal im Internet aufgerufen haben.

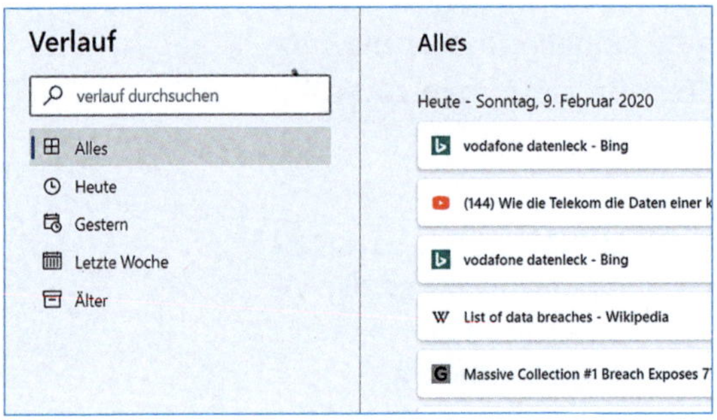

Die Analyse Ihrer Eingaben

Auch bei Ihren Eingaben versucht das Betriebssystem Sie zu unterstützen. Windows und macOS korrigieren Texte, die Sie eingeben, automatisch. Wenn Sie aber bestimmte Begriffe verwenden, die im Standard nicht bekannt sind, werden diese immer wieder falsch korrigiert oder als Fehler angezeigt. Nichts ist einfacher, als diese Begriffe dann in Ihr Benutzerwörterbuch aufzunehmen, damit sie nicht mehr als Fehler angezeigt werden. Dieses Benutzerwörterbuch ist ein Quell an Informationen für jeden, der darauf zugreifen kann. Nirgendwo sonst findet man konzentrierter Hinweise darauf, mit welchen Themen Sie sich beschäftigen.

Dasselbe gilt für die Umsetzung von Sprache und Schrift: Wenn Sie ein Gerät mit einem Stift haben, dann können Sie nicht nur über die Tastatur Text eingeben, sondern auch handschriftlich. Nun ist die Schrift eines jeden Anwenders einzigartig. Das Betriebssystem hat am Anfang einiges zu tun, um Ihre Schrift zu erkennen. Erst mit der Zeit – und vor allem durch die Korrekturen, die Sie vornehmen – wird die Erkennung besser. Das funktioniert daher so gut, weil Ihr Computer die Schriftdaten und die Korrekturen zur Analyse einsendet. Die Rechenkapazität Ihres lokalen Geräts reicht dafür bei Weitem nicht aus.
Cortana oder Siri als Sprachassistenten auf Ihrem PC oder Mac und zusätzlich installierte wie Amazons Alexa sind ähnlich aufgestellt: Sie nehmen über das Mikrofon Ihre Stimme auf, schicken sie an den Server des Anbieters und bekommen den erkannten Befehl zurückübermittelt. Einfache Befehle wie „Alexa, schalte Fernseher ein" sind sicher unkritischer als Text, den Sie über die Spracherkennung eingeben. Denn dieser enthält jedes einzelne Zeichen Ihrer Äußerung. Hier kollidiert der Wunsch nach komfortablem Arbeiten mit dem Anspruch, dass möglichst wenige Daten außerhalb der eigenen Zugriffsmöglichkeiten gespeichert sind.

Der Internetbrowser

Während die automatisch aufgezeichneten Informationen, die das Betriebssystem verwaltet, meist auf Ihrem Rechner verbleiben, verhält es sich beim Surfen im Internet ein wenig anders. Hier werden die Informationen an einen Rechner außerhalb Ihres eigenen Netzwerkes übertragen. Was dort mit ihnen geschieht, liegt meist nicht in Ihrer Kontrolle. Auf jeden Fall übermitteln Sie Ihre eigene

IP-Adresse ins Internet, weil die zum Übertragen der abgerufenen Daten aus dem Internet auf Ihren Rechner unbedingt benötigt wird. Wie schon erwähnt, verwenden darüber hinaus viele Internetseiten Cookies, um Sie bei einem erneuten Besuch zu identifizieren und Ihnen passende Informationen und zielgerichtete Werbung zu zeigen. Dem müssen Sie aber zustimmen!

→ Keine Angst vor Cookies!

Lassen Sie sich nicht verunsichern: Ein Cookie ist kein Programm und kein Virus, sondern lediglich eine kleine Textdatei, die der Webseite die Identifikation des Besuchers ermöglicht. Anrichten kann ein Cookie für sich allein auf Ihrem Rechner erst einmal gar nichts. Außerdem gibt es Möglichkeiten, Cookies loszuwerden oder gar nicht erst zu speichern, wie Sie ab S. 104 erfahren.

Wann immer Sie eine Webseite aus dem Internet abrufen, werden deren Elemente automatisch auf Ihrer Festplatte gespeichert. Eine Webseite besteht aus Bildern, aus kleinen Programmteilen, aus Text und anderen Komponenten. Ihr Internetbrowser setzt die Seite dann aus diesen Elementen zusammen und zeigt sie Ihnen auf dem Bildschirm an. Diese temporären Dateien bleiben so lange auf Ihrer Festplatte, bis sie automatisch gelöscht werden oder Sie den Löschvorgang manuell starten. Ebenfalls speichert Ihr Browser die Liste der aufgerufenen Webseiten, Daten, die Sie in Formulare eingeben, und gegebenenfalls sogar Benutzernamen und Passwörter.

Schließlich gibt es ein eigenes Verzeichnis auf der Festplatte, in dem alle Dateien, die Sie aus dem Internet heruntergeladen haben, gespeichert sind. Auf diese Dateien können Sie wieder zugreifen, wenn Sie ein Programm oder eine Datei erneut verwenden wollen. Das ist vollkommen unabhängig davon, welchen Browser oder welches Betriebssystem Sie verwenden.

E-Mails

Wenn Sie per E-Mail kommunizieren, dann schicken Sie nicht nur Textinhalte an bestimmte E-Mail-Adressen, sondern Sie hängen den E-Mails oft auch Dateien an. All diese Elemente werden nicht nur auf dem E-Mail-Server gespeichert, sondern auch auf Ihrem PC im E-Mail-Programm.

Was dabei oft übersehen wird: Eine erhaltene E-Mail ist oft nur der Anfang einer ganzen Reihe. Sie bekommen eine E-Mail, beantworten sie, erhalten daraufhin wieder eine Antwort und so geht es immer weiter. Die E-Mails legen Sie dann in einem Ordner auf der Festplatte ab. In der Summe kann eine einzelne E-Mail nachher an vielen verschiedenen Orten liegen, was das Löschen zu einer Herausforderung macht.

Auch bei E-Mails gibt es eine Vielzahl von Protokollinformationen: Nach dem Versand hält Ihr Computer in Zusammenarbeit mit dem E-Mail-Server akribisch fest, über welche Server die E-Mail läuft, zu welcher Zeit und mit welcher IP-Adresse sie versandt wurde und vieles mehr. Es ist kaum möglich, eine E-Mail ohne spezielle Maßnahmen anonym zu verschicken!

Dateien auf dem Rechner und in der Cloud

Der eigentliche Schatz, den Sie auf Ihrem Rechner verwalten, sind die Dateien. Sie installieren Programme, geben dort Daten ein und speichern das Ergebnis als Datei auf der Festplatte ab. Diese Dateien enthalten eine riesige Menge an Informationen – nicht nur die, die Sie selbst eingegeben haben, sondern auch viele Verwaltungsinformationen, die automatisch vom Betriebssystem und den Programmen hinzugefügt werden.

Mit den neuen Windows- und Office-Versionen hat ein weiterer Speicherort Einzug auf Ihrem PC gehalten: die Cloud. Dokumente werden nicht nur lokal gespeichert, sondern auch an einem Speicherort, der irgendwo im Internet liegt. Das geschieht in vielen Fällen sogar automatisch. Natürlich sind die Daten in der Cloud

Info

Faktor (Un-)Ordnung: So sehr Sie sich vornehmen, Ihre Dateien strukturiert in die richtigen Ordner zu speichern, es kommt immer wieder vor, dass eine Datei versehentlich in einem beliebigen anderen Ordner abgelegt wird. Diese Dateien dann später zu finden und gegebenenfalls auch zu löschen, ist eine echte Herausforderung!

geschützt, oft sogar besser als auf Ihrem lokalen PC. Denn für die Sicherheit Ihrer Daten ist dann der Cloudanbieter, zum Beispiel Microsoft, Amazon oder Google, verantwortlich. Dennoch ändert das nichts daran, dass Daten, die nicht auf Ihrem PC liegen, potenziell der Gefahr von Angriffen aus dem Internet ausgesetzt sind.

Soziale Netzwerke: Daten als Währung

Es ist fast unmöglich, sich ganz von sozialen Netzwerken fernzuhalten. Wer auf „Welches X-Handle hast du denn?" oder „Lass mal auf LinkedIn oder Xing netzwerken!" nur antworten kann, dass er auf den Plattformen nicht vertreten ist, erntet schnell irritierte Blicke. Außerdem entgehen einem so viele Kontaktmöglichkeiten. Man mag zu Facebook stehen, wie man will: Wie sonst halten Sie über viele Jahre den Kontakt zu Menschen, die Tausende Kilometer entfernt wohnen? In der mobilen und globalen Welt von heute kommen Sie an diesen Datenkraken kaum noch vorbei.

Nun wollen die Betreiber dieser Netzwerke selbstverständlich mit ihrem Angebot auch Geld verdienen. Versuche, dies über Mitgliedsbeiträge zu erreichen, waren bisher immer erfolglos. Viel zu sehr sind wir Nutzer daran gewöhnt, dass Angebote im Internet kostenlos sind.

Daher musste ein alternatives Geschäftsmodell her: Daten sind die neue Währung, und sie sind sehr wertvoll! Ob Sie nun Facebook, X/Twitter, Instagram, Twitch oder einen der vielen anderen Dienste nutzen, in jedem Fall werden dort zwei Arten von Daten über Sie gespeichert:

- **Ihre Beiträge:** Das sind die Daten, die Sie selbst eingeben, etwa in Form von Posts, Likes und Kommentaren zu Beiträgen anderer Nutzer. Diese Daten haben Sie mehr oder minder unter Kontrolle, auch wenn es einiger Gedanken bedarf, diese Kontrolle auch wirklich auszuüben.
- **Metadaten:** Das sind die Daten, die die sozialen Netzwerke automatisch sammeln, indem sie Ihre Aktivitäten beobachten oder Informationen von Ihrem PC bekommen. Darauf können Sie nur sehr begrenzt Einfluss nehmen.

Ein soziales Netzwerk wäre nichts, wenn die Nutzer keine Informationen über sich selbst eingeben würden. Es mag verlockend sein, auf Facebooks „Was machst du gerade?" mit „Was interessiert es dich?" zu reagieren, aber genau darum geht es: dass Sie den anderen Nutzern – und, noch viel wichtiger, dem Dienst selbst – sagen, was Sie gerade tun. Wenn Sie dies freiwillig eingeben, dann geben Sie dem Anbieter das Recht, diese Informationen weiterzuverwenden.

Nun sind reine Texte nicht wirklich interessant. Darum ergänzen Sie meist weitere Informationen: wo Sie gerade sind (ein Ort, der in eine GPS-Position umgesetzt werden kann), wer bei Ihnen ist (damit werden gleich mehrere Personen auf einmal erfasst), dazu vielleicht noch ein Foto. So kommen in einem vermeintlich harmlosen Post schon sehr viele verschiedene Daten zusammen.

Bei der Frage, was ein Anbieter mit den von Ihnen eingegebenen Daten tun kann, hilft ein Blick in die allgemeinen Geschäftsbedingungen von Facebook. Wenn Sie bisher der Meinung waren, Ihre

Info

Die Metadaten Ihrer Fotos: Fotos sind nicht nur Pixelwolken, sondern enthalten sogenannte EXIF-Daten (Exchangeable Image File Format). Dabei handelt es sich um einen kleinen Datencontainer, dem man das Kameramodell, die Geoposition, Blende, Belichtungszeit und noch so einiges mehr entnehmen kann. So lässt sich zum Beispiel Ihr Aufenthaltsort allein über das Foto bestimmen, selbst wenn Sie ihn nicht direkt eingeben. Es sei denn, Sie haben Ihr Smartphone oder Ihren Fotoapparat so eingestellt, dass die Position nicht gespeichert wird.

Fotos wären Ihr Eigentum, dann sollten Sie sich einmal den entsprechenden Abschnitt der AGB durchlesen. Zum Stand Juli 2023 lautete dieser:

→ Auszug aus den AGB von Facebook

Insbesondere wenn du Inhalte, die durch geistige Eigentumsrechte geschützt sind (wie Fotos oder Videos), auf oder in Verbindung mit unseren Produkten teilst, postest oder hochlädst, räumst du uns eine nicht-ausschließliche, übertragbare, unterlizenzierbare und weltweite Lizenz ein, deine Inhalte (gemäß deinen Privatsphäre- und App- Einstellungen) zu hosten, zu verwenden, zu verbreiten, zu modifizieren, auszuführen, zu kopieren, öffentlich vorzuführen oder anzuzeigen, zu übersetzen und abgeleitete Werke davon zu erstellen.

Kurz gefasst: Facebook darf Ihre Inhalte nahezu frei und weltweit nutzen. Möchten Sie dem widersprechen? Kein Problem: Löschen Sie Ihr Konto, so die Antwort von Facebook. Das allein wird allerdings nicht reichen, denn auch X/Twitter und andere Diensteanbieter haben in ihren allgemeinen Geschäftsbedingungen nahezu identische Passagen.

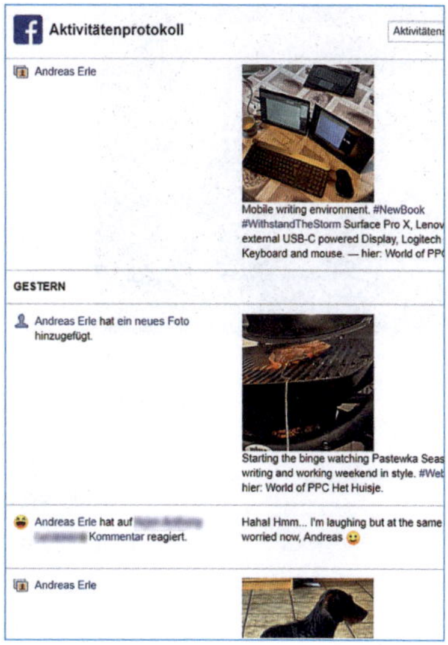

Sie können den Standpunkt einnehmen, dass Sie ja selbst entscheiden, welche Daten Sie Facebook und anderen Anbietern zur Verfügung stellen. Das ist aber nur die halbe Wahrheit. Die sozialen Netzwerke erhalten nicht nur die Daten, die Sie aktiv eingeben. Sie führen auch Buch darüber, was Sie wo und wann gemacht haben. Der Begriff dafür ist „Aktivitätenprotokoll". Es ist für Sie einsehbar, aber für den Anbieter ebenfalls. Und das über Jahre und Jahrzehnte.

Hinzu kommt, dass der Anbieter auch auf die in den Beiträgen enthaltenen Informationen über Orte und Personen zugreifen kann. Und da Sie ihm über die AGB auch daran ein Nutzungsrecht eingeräumt haben, darf er diese Informationen auch verwenden.

Das Smartphone: Eine Datensammelmaschine

Kaum ein Gerät sammelt so eifrig Daten wie Ihr Smartphone. Ganz einfach deshalb, weil es alle Ausstattungsmerkmale hat, mit denen sich Daten sammeln lassen: Positionsbestimmung über GPS, Speicher für Daten, eine Kamera, ein Mikrofon und eine eigene Internetverbindung, um Daten auszutauschen. Und vor allem: Es ist immer bei Ihnen, wenn Sie unterwegs sind.

Im Grunde ist ein modernes Smartphone nichts anderes als ein kleiner PC mit Browser, E-Mail-Programm und weiteren Programmen, in die Sie Daten eingeben, die dann auf dem Gerät abgelegt werden. Was aber hinzukommt: Ihr Smartphone verwendet fast ständig das GPS, um Ihre aktuelle Position zu bestimmen und an Apps weiterzugeben, wenn Sie dies nicht explizit unterdrücken. Egal, ob Sie Android oder iOS verwenden. Bei Android-Geräten kommt die enge Verbindung mit Google hinzu (siehe S. 155). Ganz von allein entsteht so in Ihrem Google-Konto ein detaillierter

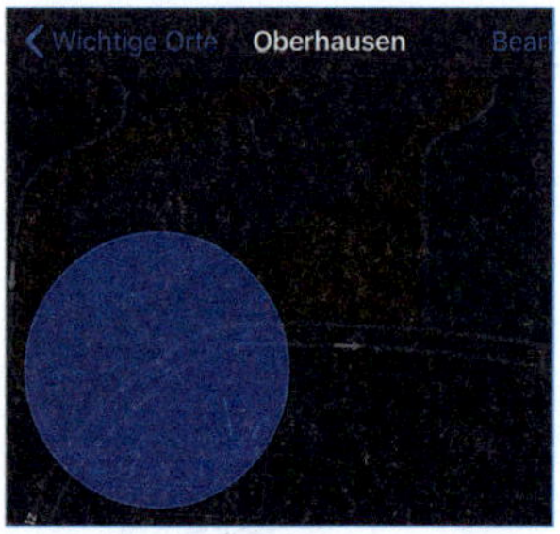

Standortverlauf. Nun ist es aber mitnichten so, dass nur Google diese als Service verargumentierte Überwachung durchführt: Auch bei iPhones und iPads gibt es diese Funktion, allerdings noch weitaus versteckter. Die sogenannten „Wichtigen Orte" verbergen sich ganz tief in den Datenschutzeinstellungen von iOS. Dort finden sich dann alle Orte, die Sie besucht haben, mit Position, Datum und Uhrzeit.

Kommunikationsdaten und Messenger-Apps

Ebenfalls spezifisch für das Smartphone ist die komplette Kommunikationshistorie. Zu Telefongesprächen, SMS und E-Mails kommen noch Messenger-Apps wie WhatsApp, Signal und Telegram. Diese speichern Ihre Daten wie alle Apps lokal ab. Aber nicht nur! WhatsApp beispielsweise steht seit längerer Zeit in der Kritik, weil Daten an die WhatsApp-Server in den USA übermittelt werden.

Besonders kritisch ist WhatsApps Umgang mit den auf Ihrem Smartphone gespeicherten Kontakten. Dieser liegt zum Teil in der Funktionsweise des Messengers begründet: Ist einer Ihrer Kontakte auch bei WhatsApp, dann sehen Sie seinen Namen in der Kontaktliste der App und können direkt einen Chat starten. Der Preis dieser bequemen Funktion: Für den Abgleich müssen alle Daten übermittelt werden, auch die der Kontakte, die gar nicht bei WhatsApp sind. Das ist so, als würden Sie Ihr Papier-Adressbuch einem Fremden geben und sagen: „Schauen Sie doch mal, ob Sie jemanden kennen!"

Biometrische Daten

Die Zeiten sind lange vorbei, in denen Ihnen allein eine PIN oder ein Kennwort zur Verfügung standen, um Ihr Smartphone vor Fremdzugriffen zu schützen. Heute können Sie einen Fingerabdrucksensor oder, noch bequemer, einen 3D-Scan Ihres Gesichts nutzen, um das Telefon davon zu überzeugen, dass Sie es sind, der

Info

Sicherheitsrisiko Back-up: WhatsApp speichert Back-ups Ihrer Chats inklusive aller Medien (Videos, Sprachnachrichten etc.), mit denen Sie Ihren Nachrichtenverlauf vollständig wiederherstellen können, wenn Sie Ihr Smartphone zurücksetzen müssen oder auf ein neues Gerät wechseln. Mittlerweile gibt es Drittanbieterprogramme, mit denen Sie ein Back-up von WhatsApp auslesen und in Klartext umsetzen können. Das kann praktisch sein, es bedeutet aber auch, dass jeder mit dem entsprechenden Programm und dem Back-up Ihre Chats lesen kann.

es entsperren will. Diese Funktion kann einen großen Beitrag leisten, die Sicherheit zu erhöhen. Dennoch handelt es sich dabei um wertvolle persönliche Daten. Auch wenn diese laut Herstellerangaben immer nur auf dem Gerät selbst gespeichert sind, können Sie davon ausgehen, dass das Interesse an diesen Daten sehr groß ist.

Gesundheits- und Bewegungsdaten

Nutzen Sie eine Smartwatch? Dann findet ein kontinuierlicher Austausch von Informationen zwischen der Uhr und Ihrem Smartphone statt. Sowohl Android als auch iOS haben eine eigene Gesundheits-App, die die Zahl der Schritte, Ihr Schlafverhalten, ja sogar Ihre Herzfrequenz und Blutsauerstoff von der Watch ausliest und auf Ihrem Telefon (und meist auch in der Cloud) speichert.

Doch selbst wenn Sie keine Smartwatch nutzen: Ihr Smartphone hat diverse Sensoren eingebaut, die Ihre Bewegungen bewerten und aufzeichnen. Wenn Sie Ihr Smartphone ins Querformat drehen und es automatisch die Anzeige dreht, dann ist dafür ein Lage bzw. Beschleunigungssensor verantwortlich. Bewegen Sie sich mit Ihrem Smartphone, dann „merkt“ es das. Apps können darauf zugreifen und diese Daten auslesen und auswerten.

Das Internet der Dinge

Die Datensammler, die den meisten zuerst einfallen, sind PC, Mac und Smartphone. Was oft vergessen wird: So gut wie jedes Gerät gibt es mittlerweile mit Internetanschluss. Ein intelligenter Kühlschrank kann beispielsweise auf die Webseite Ihres Lebensmittelhändlers zugreifen. Die automatische Nachbestellung von Lebensmitteln ist der damit verbundene Vorteil. Der Nachteil ist die Tatsache, dass jemand den Inhalt Ihres Kühlschrankes kennt.

Das Internet der Dinge (Internet of Things, IoT) ist aus dem Gedanken entstanden, dass Technik das Leben angenehmer machen soll. Keine Frage, das geht mit der Sammlung von Daten einher. Sie sollten zumindest Kontrolle über die gesammelten Daten haben. Hinzu kommt, dass die entsprechenden Geräte durchaus das Ziel von Hackerangriffen werden können. Ihre Software basiert oft auf Linux, einem verbreiteten Betriebssystem, das Schwächen hat.

→ Gehackte Webcam

Ein kanadisches Ehepaar war 2019 wenig amüsiert, als die Google Nest-Webcam plötzlich anfing, sie zu beschimpfen. Ein Angreifer hatte die Cam gehackt, den Videostream abgegriffen und die Kommunikation zwischen Software und Kamera für eine Verbalattacke genutzt. „Nest" speichert die Videodaten automatisch in der Cloud. Stellen Sie sich vor, dass jemand sich daran ergötzt, wie Sie sich leicht bekleidet im Garten rekeln!

Sprachsteuerung als Datenfalle

Ist es nicht wunderbar? Sprachassistenten gehorchen uns aufs Wort. Allerdings um den Preis Ihrer Privatsphäre. Da die Geräte selbst keine nennenswerte Rechenkapazität mitbringen, werden die Sprachbefehle an einen Server irgendwo auf der Welt übertragen, der sie analysiert und eine Rückmeldung an das Gerät gibt.

Sprachassistenten wie die Lautsprecher aus Amazons Echo-Serie können während der Aufnahme nicht unterscheiden zwischen

Ihrer Stimme und einem Gespräch, das im Hintergrund geführt wird. Es wird einfach mit übertragen. Hinzu kommt, dass die Aufzeichnungen manchmal manuell ausgewertet werden (siehe S. 175). Es hat für Furore gesorgt, dass Amazon Teile dieser Auswertungen von Zeitarbeitern im Homeoffice durchführen ließ, ohne den Schutz, den ein Rechenzentrum oder ein Verwaltungsgebäude bietet. Niemand kann nachvollziehen, was nachher mit diesen Daten geschehen ist, ob sie gelöscht oder weiterverarbeitet wurden.

Samsung wiederum hatte lange Zeit in den Lizenzbedingungen seiner Smart TVs folgenden Passus: Wird die Spracherkennung genutzt, um Funktionen des Fernsehers zu steuern, muss damit gerechnet werden, dass der Fernseher Privatgespräche mithört. Die Menge der Daten, die dabei gespeichert wird, kann kaum überblickt werden. Mittlerweile ist Samsung dazu übergegangen, ebenfalls mit einem Aktivierungswort zu arbeiten und nur die relevanten Befehle abzuhören. Diese gesammelten Daten werden KI-Algorithmen übergeben, die nicht nur zur Erfüllung Ihrer Anfrage verwendet werden, sondern auch gleichzeitig zur Verbesserung der Erkennung, dem so genannten Machine Learning genutzt werden.

Info

Ihr Fernseher kennt Ihre Lieblingsserie: Smart TVs sammeln natürlich auch Daten über die angesehenen Programme. Welchen Sender Sie sich zu welcher Zeit ansehen, lässt auf Ihre Interessen schließen. Die zusätzlich installierbaren Apps wie Netflix, Amazon Prime Video und andere tragen dann zu einem umfassenden Profil bei. Das Ergebnis sind beispielsweise Empfehlungen für Filme und Serien, die genau Ihren Geschmack treffen. Derartige personalisierte Werbung ist vielen durchaus willkommen. Dennoch sollten Sie sich klarmachen, dass Sie auf diese Weise sehr viel über sich preisgeben.

Windows und Mac anonymer machen

Ihr Rechner ist schon allein aufgrund seiner Speicherkapazität und Rechenleistung das Gerät, das im Mittelpunkt steht, wenn es um Ihre Daten geht. Je mehr Sie hier an Konfigurationsaufwand investieren, desto sicherer ist die Computernutzung und desto anonymer können Sie sich bewegen. Einmal eingerichtet, merken Sie davon so gut wie nichts.

Nutzen und Risiko abwägen

Windows wie auch macOS sind über Jahrzehnte mit Ihnen als Anwender gewachsen. Das beinhaltet einerseits, dass gewohnte Funktionen an neue Hardware und mit dem Rechner verbundene Geräte angepasst wurden. Im Wettstreit um die Gunst der Anwender sind aber andererseits auch viele Funktionen neu hinzugefügt worden, die bequem sind oder Spaß machen, aber nicht unbedingt nötig sind. Hier ist es an Ihnen, zu hinterfragen, ob der Nutzen der Funktionen tatsächlich so groß ist, dass Sie dafür mit Ihren Daten bezahlen möchten. Viele Features der Betriebssysteme sind nice to have, können aber durch andere, datensparsamere Funktionen ersetzt werden.

Die Entscheidung fällt oft nicht leicht. Wenn Sie sich über Ihre Daten, Ihre Anonymität, Privatsphäre und Sicherheit Gedanken machen, dann ist das immer ein schmaler Grat zwischen Paranoia und Vernunft. Denn niemand kann Ihnen eine eindeutige Vorgabe machen, was die besten Einstellungen sind. Im Folgenden werden Ihnen aber Möglichkeiten aufgezeigt, an welchen Stellschrauben Sie drehen können.

Cloud oder Festplatte?

Ein schönes Beispiel für die Schwierigkeit einer solchen Entscheidung ist das Abwägen der Frage, ob Sie Ihre Daten lieber in der Cloud oder lokal auf Ihrer Festplatte speichern wollen. Sowohl Microsoft als auch Apple bieten mit OneDrive bzw. iCloud einen hauseigenen Cloudspeicher an.

Vorteile der Cloud

Auf einen Cloudspeicher können Sie von jedem Ort der Welt zugreifen, als würde es sich um eine Festplatte auf Ihrem Rechner handeln. Zusätzlich nutzt das jeweilige Betriebssystem diesen Speicher als Synchronisationsplattform: Kennwörter, Formulare, Einstellungen Ihres Rechners und vieles mehr werden dort abgelegt. Richten Sie einen neuen Rechner ein oder installieren den alten einmal komplett neu, dann können Sie all das aus dem Cloudspeicher wiederherstellen und sich so eine Menge Aufwand sparen. Dasselbe gilt für die Dateien: Egal, mit welchem Gerät Sie unterwegs sind, in diesem Fall sogar unabhängig vom Betriebssystem, Sie haben Zugriff auf Ihre Dateien. Wo die lokale Festplatte scheitert, ist die Cloud Ihr Freund. Damit ist es sogar möglich, dass mehrere Personen gleichzeitig an einer Datei arbeiten. Statt wie bisher die Dateien per E-Mail an die einzelnen Mitglieder eines Teams zu schicken, geben Sie einfach einen Link auf die entsprechende Datei frei und alle Empfänger können darauf zugreifen. Statt nachher die Änderungen der einzelnen Bearbeiter manuell zusammenzuführen, macht das System das im Hintergrund ganz von allein. Datensicherungen? Zugriffsschutz? All das übernehmen die Betreiber der Cloudlösung für Sie.

Nachteile der Cloud

Alles in allem also eine vorteilhafte Lösung. Die Kehrseite der Medaille darf aber auch nicht außen vor gelassen werden: Sie geben Ihre Daten aus der Hand. Diese liegen 24 Stunden am Tag, sieben Tage die Woche auf irgendeinem Server, dessen Standort Sie meist nicht einmal kennen. Wenn Sie Ihren Rechner ausschalten, dann kommt niemand, der sich nicht direkt daneben befindet, an die dort lokal gespeicherten Daten heran. In der Cloud ist das anders: Sie verlieren Kontrolle. Noch mehr, weil die meisten großen Anbieter (darunter Microsoft und Apple) US-amerikanische Firmen sind und unter den CLOUD Act fallen.

→ Der CLOUD Act

CLOUD (Clarifying Lawful Overseas Use of Data Act) ist ein US-amerikanisches Gesetz, das den Zugriff auf die Daten amerikanischer Firmen im Ausland regelt. Es wurde im März 2018 unterzeichnet, nachdem es immer wieder „Probleme gab", an Daten im Ausland zu kommen. Das Gesetz verpflichtet US-amerikanische Unternehmen, den US-Behörden Zugriff auf Kundendaten zu geben, auch wenn die Speicherung nicht in den USA stattfindet. Einfacher ausgedrückt: Haben Sie ein Konto bei der deutschen Niederlassung eines Unternehmens mit US-Mutter, können Ihre Daten aus den USA eingesehen werden. Im Jahr 2022 hat US-Präsident Biden eine Executive Order unterzeichnet, die die Rechte der US-Behörden einschränken soll, eine konkrete Umsetzung ist aber noch in der Diskussion.

Viele Anwender werden sich nach Abwägung des Für und Wider dennoch für die Cloudnutzung entscheiden, weil die Vorteile überwiegen. Der Preis ist der Verlust der Kontrolle über Ihre Daten. Oder Sie entscheiden sich, Ihre Daten in der Cloud zu verschlüsseln, sodass für diejenigen, die den richtigen Schlüssel nicht kennen, nur Datenbrei zu sehen ist (mehr dazu ab S. 58).

Anonymität bedeutet Sicherheit

Sie hören diese beiden Begriffe immer wieder im selben Zusammenhang – aus gutem Grund. Ist Ihr Rechner nicht sicher, hat das mannigfaltige Auswirkungen. Vor allem aber: Ihre Daten sind nicht mehr allein Ihre. Kommt ein Unbefugter an Ihre Daten – weil etwa das Passwort nicht stark genug und damit leicht zu erraten ist –, kann er damit schnell Ihren Datenschatten, Ihre Vorlieben und Geheimnisse erfahren und nutzen. Plötzlich rutschen Sie aus der Anonymität ins Scheinwerferlicht. Vielleicht nur für einen einzelnen Angreifer, vielleicht finden sich Ihre Daten aber bald offen im Netz und können von jedem eingesehen werden. Grund genug, Ihren Rechner so sicher und anonym wie möglich zu machen.

Ein Benutzerkonto anlegen

Bei der ersten Einrichtung Ihres Rechners legen Sie automatisch ein Konto an, das Sie mit einem Passwort schützen. Beim Mac ist das immer ein lokales Benutzerkonto, dem Sie später eine Apple ID (und damit den zugehörigen iCloud-Speicher) zuweisen können. Bei einem Windows-Rechner schlägt das System automatisch die Verwendung eines Microsoft-Kontos vor. Auf expliziten Wunsch können Sie stattdessen ein lokales Konto anlegen.

Der Wechsel zum lokalen Konto auf dem PC

Wenn Sie die Cloudspeicherung nicht wollen, können Sie sie auf dem PC auch nachträglich noch aufheben und zu einem lokalen Konto zurückkehren, bei dem Ihre Daten nur auf Ihrem Rechner gespeichert bleiben.

1 Wechseln Sie in die *Einstellungen* von Windows 11.

2 Klicken Sie auf *Konten*, *Ihre Infos*.

3 Wählen Sie dann die Option *Stattdessen mit einem lokalen Konto anmelden*.

4 Windows 11 versucht, Sie von Ihrem Vorhaben abzubringen. Bleiben Sie stark!

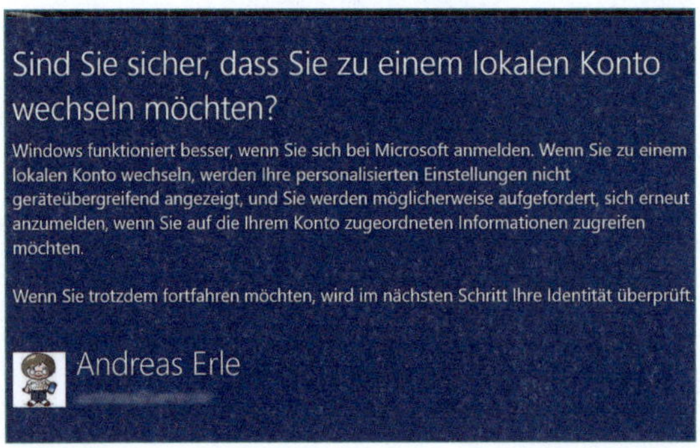

5 Nun müssen Sie ein Passwort für das neue lokale Konto eingeben.

Sie nutzen jetzt ein lokales Konto. Damit gehen Ihnen einige Vorteile des Microsoft-Kontos verloren. Allerdings nicht dauerhaft: Funktion für Funktion lässt sich auch manuell mit dem Microsoft-Konto verbinden.

E-Mails, Kontakte, Termine

Zu dem Microsoft-Konto gehört der Dienst Outlook.com, der eine komfortable Verwaltung Ihrer E-Mails, Kontakte und Termine darstellt. Dies hindert Sie nicht daran, auch andere Anbieter wie Google, Yahoo oder GMX zu nutzen, auch die Verbindung zu einem eventuell vorhandenen Firmenkonto auf einem Exchange-Server oder einem Microsoft-365-Konto ist kein Problem. Wenn Sie Skype als Nachrichten- oder (Video-)Telefonie-Dienst nutzen, dann werden Ihre dort gespeicherten Kontakte automatisch in das Microsoft-Konto übertragen.

Musik- und App-Käufe

Ein Windows-Gerät macht erst dann richtig Spaß, wenn Sie es durch Programme und Musik oder Videos erweitern, und natürlich bietet Windows dafür auch eigene virtuelle Läden, in denen Sie zusätzliche Inhalte erwerben können. Der Kauf ist einfach, denn dafür wird automatisch Ihr Microsoft-Konto und die dort hinterlegte Zahlungsweise verwendet. Ohne Microsoft-Konto also keine Käufe. Davon ausgehend, dass Sie einen PC verwenden, können Sie auch beliebige „normale" Anwendungen installieren, die nicht aus dem Microsoft Store stammen, sondern beispielsweise auf den Herstellerseiten angeboten werden oder auf Datenträgern im Online- und Einzelhandel gekauft werden können. Einzig bei Windows Phone und der XBOX ist dies nicht möglich.

Wenn Sie Ihr Microsoft-Konto nutzen, um Apps zu kaufen, kümmert es sich nicht nur um die Bezahlung, sondern sorgt auch dafür, dass Sie Ihre Käufe nur auf einer begrenzten Anzahl von Geräten nutzen können.

Office und OneDrive

Um Dokumente und Einstellungen auf verschiedenen Geräten parallel nutzen zu können, bedarf es eines zentralen Speichers, auf den alle diese Geräte zugreifen können. Zu Ihrem Microsoft-Konto

gehört das sogenannte OneDrive (früher: SkyDrive), das einen kostenlosen Speicher von mehreren Gigabyte (GB) mitbringt. Dort werden automatisch alle Sicherungen der Einstellungen Ihrer Geräte abgelegt, auf Wunsch auch die Bilder, die Sie mit der Kamera Ihres Tablets oder Smartphones machen, Dokumente, die Sie mit Word, Excel oder PowerPoint erstellen, und vieles mehr. Da es sich um einen Cloudspeicher handelt, können Sie ihn jederzeit von allen Geräten aus erreichen.
Die neuen Office-Versionen werden auch in einer fingerfreundlichen Version für Windows 11 angeboten. Bei diesen ist es Standard, OneDrive als Speicher zu nutzen, dies können Sie jedoch umstellen. Auf S. 43 finden Sie außerdem eine Anleitung, um Dateien weder in der Cloud noch auf dem PC selbst zu speichern, sondern stattdessen auf einem externen Datenträger.

Einschränkung der zu synchronisierenden Daten

Microsoft ist so vermessen, zu vermuten, dass Sie nicht nur einen, sondern gleich mehrere PCs nutzen. Manchmal parallel, manchmal nacheinander, wenn Sie ein neues Gerät kaufen oder ein defek-

Info

Erreichbarkeit über Skype und Teams: Skype ist vor allem bekannt als Programm, mit dem man kostenlos über das Internet telefonieren kann. Neben dieser Funktion hat es nach der Übernahme durch Microsoft noch eine weitere, wichtige Funktion im Windows-Umfeld bekommen: Es wird im Hintergrund verwendet, um mit Kontakten Nachrichten auszutauschen und diese bei Bedarf auch direkt anzurufen. Teams als Nachfolger von Skype funktioniert ähnlich. Auch für diese Dienste müssen Sie sich über Ihr Microsoft-Konto identifizieren.

tes ersetzen. Aus diesem Grund können Sie bestimmte Elemente und Einstellungen von Windows mit Ihrem Microsoft-Konto synchronisieren. Damit liegen diese Daten in der Cloud und sind für jeden Rechner, der sich mit Ihrem Microsoft-Konto anmeldet, verfügbar. Wird auch dort die Synchronisation eingeschaltet, dann werden die Einstellungen auf den neuen PC übertragen. Das spart Ihnen eine Menge an manuellem Einrichtungsaufwand.
Wenn Sie das aber aus Sicherheitsgründen nicht wollen, dann schalten Sie die Synchronisation aus:

1 Klicken Sie in den *Einstellungen* auf *Konten*, *Einstellungen synchronisieren*.
2 Deaktivieren Sie *Synchronisierungseinstellungen*, um die komplette Synchronisation von Einstellungen zu deaktivieren.

Alternativ können Sie einzelne Synchronisierungseinstellungen ausschalten. Beispielsweise kann es empfehlenswert sein, die Synchronisation der Passwörter, die ja doch ein wenig heikel sein kann, zu deaktivieren.

Ohne Cloud auf dem Mac

Auf dem Mac ändert sich Ihr Benutzerkonto nicht, wenn Sie sich gegen die Cloud entscheiden. Die iCloud-Anbindung wird über die Apple ID vorgenommen. Die Verknüpfung können Sie leicht lösen:

1 Wechseln Sie in die *Einstellungen* des Mac.
2 Klicken Sie auf *iCloud*.
3 Unter Ihrem Kontobild klicken Sie auf *Abmelden*.

Diese Abkopplung vom iCloud-Speicher hat einige Auswirkungen: Beispielsweise ist der Fotostream, der Fotos zwischen iPhone, iPad und Mac synchronisiert, nicht mehr verfügbar. Neue Fotos erscheinen nicht darin, in der Foto-App sehen Sie nur die lokalen Bilder, die Sie auf den Mac übertragen haben.

→ Bilder schnell auf den Mac übertragen

Wenn Sie Fotos mit dem iPhone machen, die aufgrund der ausgeschalteten Synchronisierung auf dem Mac nicht mehr automatisch dorthin übertragen werden, gibt es eine Alternative: eine weniger bekannte, aber sehr komfortable Funktion namens AirDrop in macOS und iOS. Um diese Funktion zu nutzen, suchen Sie über Spotlight nach „Airdrop" und aktivieren es. Auf dem iOS-Gerät können Sie dann über die Teilen-Funktion Ihren Mac sehen und als Ziel angeben. Dazu müssen beide Geräte im selben WLAN sein.

Wo liegen Ihre Dateien?

Wissen Sie genau, wo sich Ihre Dateien befinden? Falls die Antwort Nein lautet, ist das nicht ungewöhnlich. In Windows ist es seit vielen Versionen Standard, dass die Dateien des Benutzers kanalisiert werden. Die Idee dahinter: Sie sollen sich keine Gedanken darüber machen müssen, wo Ihre Dateien liegen. Jedes Programm kennt den Typ der Dateien, die es verarbeitet, und kann diese Dateien automatisiert im richtigen Verzeichnis ablegen. Dazu gibt es die sogenannten Bibliotheken. So wie eine echte Bücherei in Lesesäle und Regale aufgeteilt ist, wird auch hier eine grobe Vorsortierung der Dateien vorgenommen, und zwar in Dokumente, Bilder, Musik und Videos.

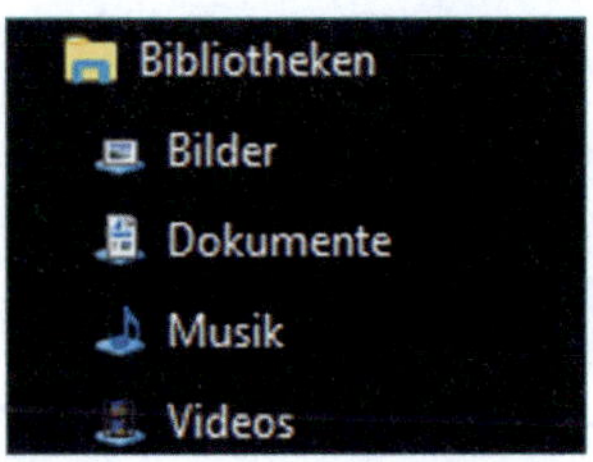

Erzeugen Sie beispielsweise in einer Office-App ein Dokument oder eine Tabelle, dann bietet Ihnen das Programm im Standard die Bibliothek Dokumente als Ziel an. Darin können Sie frei Unterordner anlegen. Auf Wunsch lässt sich ein beliebiges anderes Verzeichnis auf einem Datenträger anwählen. Da Benutzer jedoch meist faul sind, findet sich oft ein Großteil der Dateien in den Bibliotheken.

→ Sie sehen die Bibliotheken nicht?

Die Bibliotheken sind zwar immer vorhanden, werden aber nicht im Standard im Explorer angezeigt. Wenn Sie diese im Ordnerbaum nicht sehen, klicken Sie auf Ansicht, Navigationsbereich, Bibliotheken anzeigen. Danach werden diese links im Ordnerbaum mit angezeigt.

Dateien aus Bibliotheken löschen

Warum kann es problematisch sein, diese Bibliotheken zu nutzen? Ganz einfach: Da sich die Bibliotheken bei allen Windows-PCs an derselben Stelle befinden und die meisten Nutzer ihre Dateien tatsächlich dort speichern, wissen auch neugierige Besucher und Kriminelle ganz genau, wo sie suchen müssen.

Um Ihren Rechner anonymer und datenfreier zu machen, hilft also ein Löschen der Dateien aus diesem Ordner. Der befindet sich – wenn Sie den Umweg über die Bibliotheken gar nicht erst gehen wollen – physisch im Verzeichnis *c:\benutzer\<benutzername>*. Wenn Sie sicher sein wollen, dass die Daten gelöscht werden, löschen Sie sie direkt über den Explorer aus diesem Verzeichnis.

Auf dem Mac verhält es sich ähnlich: Auch dort gibt es Benutzerbibliotheken. Diese finden Sie unter der Macintosh HD im Verzeichnis *Benutzer* unter Ihrem Benutzernamen.

Speicherung auf einem fremden Rechner verhindern

Besonders im Firmenumfeld ist es normal, dass die Profile der Benutzer, zu denen unter anderem auch die Bibliotheken gehören, nicht lokal, sondern auf einem Server gespeichert sind. Bei jeder Anmeldung an einem beliebigen PC im Netzwerk werden diese Daten dann mit der lokalen Festplatte synchronisiert. Das klingt im ersten Moment unkritisch, ist aber eine Übertragung von Daten auf Ihren Rechner bzw. einen Fremdrechner, die Sie vielleicht in manchen Situationen gar nicht wollen.

Primär werden Sie Ihre eigenen Daten interessieren. Um deren Speicherung auf einem anderen Rechner zu verhindern, bleiben Ihnen nur die folgenden Möglichkeiten:

- **Gar nicht erst anmelden:** Melden Sie sich nicht auf einem fremden Rechner in einer solchen Umgebung an.
- **Vom Netzwerk trennen:** Wenn es nicht anders geht, trennen Sie den Rechner vorher vom Netzwerk. Dann kann die Synchronisation nicht durchgeführt werden. Wenn es sich um die erste Anmeldung handelt, dann trennen Sie die Netzwerkverbindung direkt, nachdem der Anmeldebildschirm verschwindet. So kann das System Ihre Anmeldung noch prüfen (die danach lokal gespeichert wird), aber keine Daten in das neue, leere Profil übertragen.
- **Dateien lokal speichern:** Speichern Sie Ihre Dateien in einem eigenen Verzeichnis auf der lokalen Festplatte statt in den Bibliotheken. Dann werden sie im Normalfall nicht synchronisiert und können auf keinem anderen Rechner abgerufen werden.

Zwischen Komfort und Anonymität abwägen

Dies ist wieder einer der Fälle, in denen Ihre Bedürfnisse nach Anonymität und nach Komfort miteinander kollidieren. Wenn Sie wie oben beschrieben die Bibliotheken umgehen, dann haben Sie zwei deutliche Nachteile, sogar Risiken:

- **Datensicherung:** Die Synchronisation der Profile auf einem Server dient unter anderem auch der automatischen Datensicherung. Wenn Ihre Dateien allein auf Ihrer lokalen Festplatte liegen, dann sind Sie auch allein für die Datensicherung verantwortlich. Geht die Festplatte kaputt, dann sind Ihre Daten im schlimmsten Fall unwiederbringlich verloren.
- **Verfügbarkeit der Daten:** Hinzu kommt, dass Sie bei einer rein lokalen Speicherung Ihre Daten folgerichtig auch immer nur lokal zur Verfügung haben.

Dateien aus lokalen Verzeichnissen löschen

Alle Dateien, die Sie nicht in den Bibliotheken, sondern in einem beliebigen anderen Verzeichnis auf der Festplatte speichern, können Sie nur manuell heraussuchen und löschen. Hier ist es hilfreich, wenn Sie die Dateitypen kennen, mit denen Sie meistens arbeiten:

1 Starten Sie den Explorer (auf dem PC) bzw. den Finder (auf dem Mac).

2 Wechseln Sie in das Hauptverzeichnis des Laufwerks, von dem Sie die Dateien löschen wollen.

3 Geben Sie die Erweiterung des Dateityps, für den Sie Dateien suchen, in das Suchfeld ein (zum Beispiel *.DOC* für Word-Dateien oder *.XLS* für Excel-Dateien).

4 Auf dem Mac klicken Sie zusätzlich auf *Dieser Mac*, um alle Dateien angezeigt zu bekommen.

5 Markieren Sie alle gefundenen Dateien und löschen Sie sie.

Der Papierkorb als Datengrab

Eine gelöschte Datei ist noch nicht wirklich weg. Windows wie auch Macintosh verwenden einen sogenannten Papierkorb. Wird eine Datei gelöscht, dann bedeutet das, dass sie aus dem Ordner, in dem sie vorher war, entfernt und in diesen Papierkorb verschoben wird. Genauso, wie Sie am Schreibtisch zu Hause ein Blatt Papier zunächst in den echten Papierkorb werfen. Wirklich weg ist das Blatt Papier erst, wenn Sie diesen Papierkorb leeren.

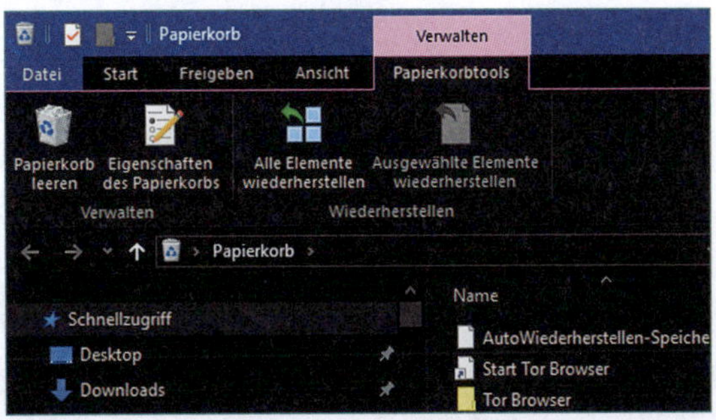

Das Löschen von Dateien hilft Ihnen also nur bedingt, wenn Sie einen Rechner frei von Ihren Daten machen wollen. Sie müssen auf jeden Fall anschließend den Papierkorb leeren.

Auf dem PC können Sie auch den Papierkorb umgehen, indem Sie die Dateien mit gedrückter *Shift*-Taste hineinziehen. Die Dateien werden dann ohne den Umweg über den Papierkorb gelöscht. Auf dem Mac drücken Sie *Option*, *cmd* und die *Löschen*-Taste, um Dateien direkt zu löschen.

Lokalrunde: Dateien auf dem Stick

Es lässt sich kaum vermeiden, die eigenen Dateien entweder auf dem PC oder Mac oder in der Cloud abzulegen. Beide Varianten haben ihre Vorteile, aber eben auch einen Nachteil: Sie geben einen Großteil der Kontrolle über Ihre Daten auf. Bei der lokalen Speicherung besteht zudem immer das Risiko, dass jemand den Rechner stiehlt oder unberechtigt darauf zugreift. Schließlich haben Sie ihn ja nicht immer dabei.

Zumindest dieses Problem können Sie tatsächlich ohne großen Aufwand lösen: Speichern Sie Ihre Dateien auf einem USB-Stick oder einer externen SSD oder Festplatte, die Sie dann mitnehmen,

Info

Endgültig löschen ist gar nicht so einfach: Sind die Dateien gelöscht und ist der Papierkorb entleert, dann sind die Daten zumindest visuell von Ihrem Rechner entfernt. Damit Ihr Rechner aber schnell wieder seine ganze Aufmerksamkeit auf Ihre Arbeit richten kann, wird der Speicher auf der Festplatte nur freigegeben, nicht aber überschrieben. Die Folge: Mit den richtigen Programmen können Daten tatsächlich wiederhergestellt werden. Wenn Sie wirklich geheime Daten auf einem Rechner gespeichert hatten und diesen Rechner nun in fremde Hände geben möchten, reicht es also nicht aus, nur den Papierkorb zu leeren. In diesem Fall sollten Sie das Löschen Profis bzw. professionellen Tools überlassen.

wenn Sie den Rechner allein lassen. Bei einem PC in Ihrer eigenen Wohnung mag das übertrieben sein. Hier überwiegen die Nachteile, schließlich können Sie den Datenträger unterwegs auch verlieren. Bei einem PC an einem öffentlich zugänglichen Ort ist diese Vorgehensweise aber zumindest eine Überlegung wert.

Nun stellt sich bei dieser Lösung die Frage, ob es sich einrichten lässt, dass die Speicherung auf dem externen Datenträger automatisch stattfindet. Tatsächlich ist das möglich: Sie können die Bibliotheken einfach auf ein externes Laufwerk verschieben:

1 Legen Sie als Erstes die Verzeichnisse der Bibliotheken, die Sie verschieben wollen, auf dem externen Datenträger an. Im Regelfall wird das vor allem die Dokumente betreffen. Bilder, Videos und Musik können aus Speichergründen interessant sein, sind im Hinblick auf Ihre Anonymität aber eher unwichtig.

2 Starten Sie den Windows Explorer.

3 Klicken Sie auf *Dokumente* unter den Bibliotheken, dann auf *Bibliothekstools*, *Bibliothek verwalten*.

4 Klicken Sie auf *Hinzufügen* und suchen Sie das Verzeichnis für die Dokumente auf dem externen Datenträger.

5 Bestätigen Sie die Aufnahme des externen Verzeichnisses durch Klick auf den Button *Ordner aufnehmen*.

6 Nun sehen Sie zwei Ordner für die Dokumente in der Übersicht.

7 Klicken Sie jetzt mit der rechten Maustaste auf den neuen Ordner, dann auf *Als Standardspeicherort festlegen*.

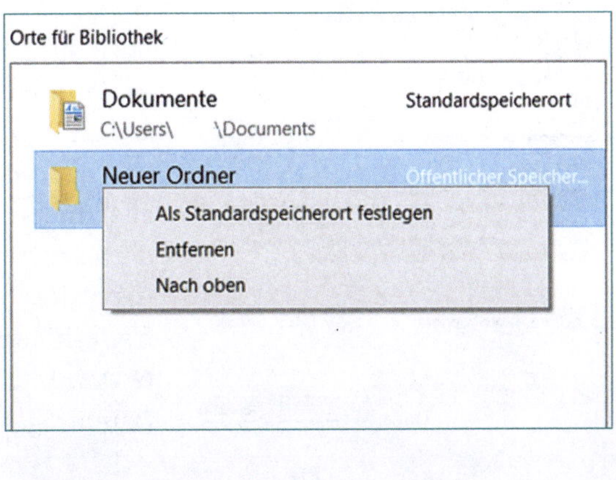

8 Auf Wunsch können Sie den Ordner Dokumente auf der Festplatte jetzt noch löschen. Unabhängig davon wird aber von nun an bei jedem Office-Programm der neue Ordner als Standardspeicherort angeboten.

Wenn Sie Ihre Bibliotheken auf einen externen Datenträger auslagern, sollten Sie eines beachten: Sie müssen den Datenträger beim Hochfahren und beim Herunterfahren angeschlossen lassen. Ist das nicht der Fall, kann Windows die Zuordnung der Verzeichnisse zu den Bibliotheken verlieren!

Die temporären Dateien

Viele Programme und Systemfunktionen von Windows legen sogenannte temporäre Dateien auf der Festplatte ab. Das sind Datenwolken, die eigentlich nur während des laufenden Programms benötigt werden. Dazu kommen noch Ihre aus dem Internet heruntergeladenen Dateien, der Dateiversionsverlauf, wenn Sie eine Datei mehrfach bearbeitet haben, und einiges mehr. Diese Dateien werden nicht sofort gelöscht, sondern bleiben auf der Festplatte liegen, bis Speicher benötigt wird oder Sie die Löschung manuell anstoßen. Sie können diese Datenspeicherung, die ja durchaus auch persönliche Daten enthalten kann, nicht ausschalten, wohl aber regelmäßig die Daten manuell löschen:

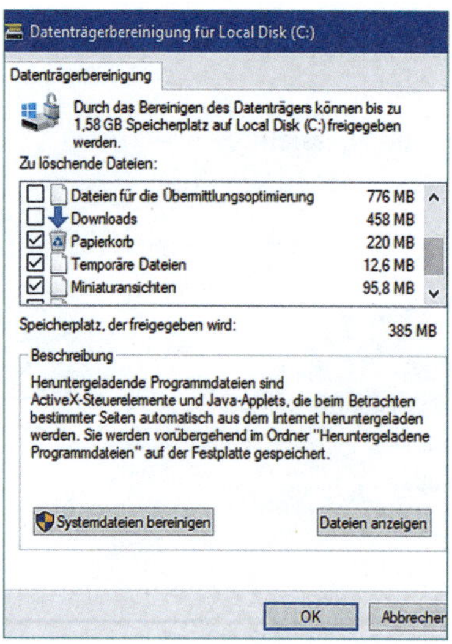

1 Starten Sie den Explorer und klicken Sie mit der rechten Maustaste auf das Laufwerk, das Sie bereinigen wollen.

2 Klicken Sie auf *Eigenschaften*, *Bereinigen*.

3 Windows durchsucht jetzt den Datenträger nach temporären Dateien.

4 Wählen Sie zumindest *Downloads*, *Papierkorb*, *Temporäre Dateien*, *Miniaturansichten* und den *Dateiversionsverlauf* aus. Das Löschen aller anderen Einträge (und der Systemdateien, die Sie mit einem Klick auf *Systemdateien bereinigen* löschen können) macht zwar Speicher frei, erhöht Ihre Anonymität aber nicht.

5 Ein Klick auf *OK* löscht diese Dateien vom Datenträger.

Das Passwort: Ein sicherer Schutz?

Seit Jahrzehnten hat sich die Standard-Anmeldemethode für Rechner, diverse Online-Dienste und Konten nicht geändert: das Passwort (oder synonym auch Kennwort). Es handelt sich dabei um eine Kombination aus Ziffern, Buchstaben und Sonderzeichen, die für Sie möglichst einfach zu merken, für den Unbefugten aber möglichst unbestimmbar sein sollte. Ein gutes Passwort sollte selbstverständlich sein. Sollte, denn 2022 waren die häufigsten Passwörter 123456, gefolgt von „password" und 123456789.

Das „gute" Passwort

Ein gute Methode, um ein komplexes und trotzdem merkbares Passwort zu erzeugen, ist die Nutzung einer Eselsbrücke, am besten eines Merksatzes. Das funktioniert so:

→ Passwort mit Merksatz

Bilden Sie einen Satz, der möglichst auch eine Zahl und ein Wort wie „und" enthält. Wichtig ist, dass er so nah wie möglich an Ihrem Leben ist, sodass Sie sich blind daran erinnern. Ein Beispiel: „Ich habe gerade vier gute Bücher und Artikel gelesen!" Aus diesem Satz lässt sich nun ein Passwort bilden, indem Sie die Anfangsbuchstaben der Wörter unter Beachtung der Groß- und Kleinschreibung verwenden. Ein „und" ersetzen Sie durch das Zeichen +, eine Zahl durch die entsprechende Ziffer. So wird aus dem Satz dieses Passwort: „Ihg4gB+Ag!"

Für sich allein betrachtet könnten Sie sich diese Zeichenkette nie merken. Sie hat keinerlei Bezug zu einem realen Wort und besteht aus einer wilden Mischung aus Zeichen, Ziffern und Buchstaben. Das bedeutet, dass auch sonst niemand dieses Kennwort erraten kann. Sie wiederum haben den Satz als Eselsbrücke, sodass Sie es ohne Verzögerung eintippen können. Natürlich gilt:

- **Je länger, desto besser:** Je länger ein Passwort ist, desto schwerer ist es zu erraten. Allerdings ist es dann auch schwerer, es sich zu merken. Hier müssen Sie also abwägen.
- **Keine bekannten Wörter:** Verwenden Sie keinesfalls Wörter, die in einem Wörterbuch vorkommen.
- **Nur zufällige Zahlenfolgen:** Geburts- und Jahrestagsdaten und wiederholte oder aufeinanderfolgende Zifferfolgen wie 123456789 oder 11111111 sollten Sie meiden.

Die über Jahrzehnte gepflegte Auffassung, dass ein Passwort in kurzen Abständen geändert werden und sehr lang sein sollte, hat das Bundesamt für Sicherheit in der Informationstechnik (BSI) Anfang 2020 revidiert. Dahinter könnten möglicherweise folgende Gründe stehen: Einerseits ist die Rechenleistung mittlerweile so hoch, dass auch sehr lange Passwörter nur noch bedingt Schutz bieten, ande-

Info

Die Brute-Force-Attacke: Eine beliebte Angriffsmethode ist die sogenannte Brute-Force-Attacke, die, wörtlich übersetzt, „rohe Gewalt" beinhaltet: Ein Angreifer versucht, Ihr Passwort durch die automatisierte Eingabe von zufälligen Zeichenketten zu erraten. Oft wird dazu ein elektronisches Wörterbuch benutzt, man spricht dann auch von einer Dictionary-Attacke. Begriffe aus Wörterbüchern sollten Sie deshalb meiden, darüber hinaus können Sie sich gegen Brute Force nur durch Länge schützen: Je länger ein Passwort ist, desto größer wird die Zahl der Kombinationen, die ausprobiert werden müssen, desto mehr Zeit und Rechenleistung muss ein Angreifer also investieren, um erfolgreich zu sein.

rerseits braucht ein Internetnutzer heutzutage derart viele Passwörter, dass es kaum zu bewältigen wäre, alle regelmäßig zu ändern. Das provoziert ihn eher, Passwörter zu notieren oder einfach dasselbe Passwort überall zu verwenden. Das daraus entstehende Risiko ist ungleich höher. Stattdessen liegt der Fokus auf praxisnahen Empfehlungen, die sich wie folgt zusammenfassen lassen:

- **Sich merkbare Passwörter ausdenken:** Wählen Sie Ihr Kennwort so, dass es für Sie individuell handhabbar ist.
- **Verschiedene Passwörter nutzen:** Nutzen Sie nicht für alle Dienste und Webseiten dasselbe Passwort. Sonst besteht das Risiko, dass Sie gar nicht mehr wissen, an welchen Stellen Sie es ändern müssen, falls es bekannt wird.
- **Bei einem Risiko sofort Passwort ändern:** Wenn Sie die Befürchtung haben, dass Ihr Passwort kompromittiert worden ist, dann ändern Sie es umgehend!

Die Verwendung von Einmalpasswörtern

Grundsätzlich lassen sich zwei Arten von Anmeldungen unterscheiden. Zum einen gibt es wichtige Konten, wie Ihr Windows-Benutzerkonto, die Konten bei Onlinehändlern, bei denen Sie oft kaufen, und die Seite Ihres Onlinebankings. Das sind Konten, die Sie immer und immer wieder benutzen. Für diese sollten Sie sich wie beschrieben merkbare, sichere Passwörter ausdenken. Zum anderen gibt es aber auch Konten, die Sie eigentlich nur einmal brauchen: der Shop, bei dem Sie einmal und nie wieder bestellen, oder die Infoseite, bei der Sie nur einmal etwas herunterladen wollen. Bei diesen selten genutzten Konten vergeben Sie einfach Einmalpasswörter. Das sind zufällig generierte Zeichenfolgen, die Sie sich nicht merken, sondern nur einmal verwenden und dann vergessen. Am einfachsten geht das automatisch: Unter https://www.lastpass.com/de/password-generator finden Sie eine Webseite, die Ihnen solche Einmalpasswörter kostenlos generiert. Klicken Sie auf *Passwort kopieren*, dann fügen Sie das Passwort aus der Zwischen-

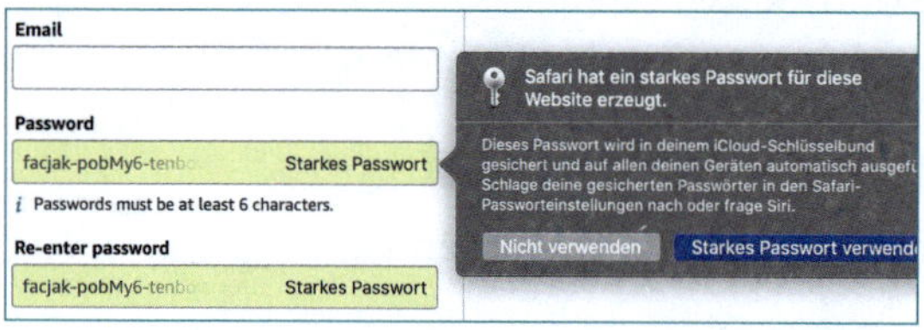

ablage in das Passwortfeld bei der Anmeldung ein, bestätigen es, und schon haben Sie ein Benutzerkonto, dessen Passwort niemand erraten wird.

Wenn Sie auf dem Mac Safari als Browser nutzen, dann brauchen Sie nicht einmal diesen Umweg zu gehen: Sobald Safari ein Formularfeld auf einer Webseite erkennt, das ein neues Passwort abfragt, generiert der Browser automatisch ein *Starkes Passwort*, das Sie ins Passwortfeld eintragen lassen können.

→ Passwort vergessen – und nun?

Nun haben Sie dem kleinen Onlineshop eine Bestellung gegönnt und ein Einmalpasswort verwendet. Entgegen Ihrer Befürchtung war die Ware schnell da und von guter Qualität. Sie möchten daher noch einmal bestellen – nur wie war doch gleich das Passwort? Keine Sorge: Jede Webseite hat die Funktion „Passwort vergessen“. Klicken Sie darauf, dann bekommen Sie einen Link zum Zurücksetzen des Passworts an die hinterlegte E-Mail-Adresse geschickt. Der Prozess läuft dann genauso ab wie bei der ersten Vergabe Ihres Passworts. Schon haben Sie wieder Zugriff auf Ihr Konto.

Speichererweiterung: Passwortsafes

Sie haben den Kopf viel zu voll: Passwörter, PINs, Zugangsnummern, all das will verwaltet und behalten werden. Immer noch sind die beste Quelle für die Benutzernamen und Passwörter von Anwendern kleine Klebezettel, die sich hinter Monitoren oder unter Schreibtischunterlagen befinden.

Machen Sie es sich einfacher und schützen Sie Ihre wertvollen Daten und Ihre Anonymität: Im Juli 2022 haben wir 16 Passwortmanager als Vollversionen getestet – darunter 15 plattformübergreifende sowie das weit verbreitete, kostenlose Programm KeePassXC. Plattformübergreifen bedeutet, dass alle Manager im Test mit Windows, MacOS, Android und iOS kompatibel sind. Das ist praktisch, denn es ermöglicht den Zugriff von allen Geräten – wie Handy, Tablet oder Notebook. Das Ergebnis unserer Tester: Den Testsieg teilen sich 1Password (38 Euro pro Jahr) und Dashlane (53 Euro im Jahr). Bitwarden ist mit jährlich rund 9 Euro der günstigste Gute. Mehr zum Test erfahren Sie unter www.test.de/Passwortmanager und in test-Heft 07/2022.

Passwortsafe für unterwegs

Nun nutzen Sie aber verschiedene Geräte, stationär wie unterwegs. Daher kann es ratsam sein, wenn Sie Ihren Passwortsafe stets dabeihaben. In diesem Fall sollte das entsprechende Programm auf allen möglichen Betriebssystemen und Gerätetypen lauffähig sein. Eine solche App ist zum Beispiel Illiums eWallet. Die gibt es seit vielen Jahren für Windows, macOS, Android, iOS und Blackberry.

Im Standard wird die Passwortdatei über Dropbox, einen Cloudservice, synchronisiert, und zwar jedes Mal, wenn Sie die App auf einem Ihrer Geräte starten oder wenn Sie ein Passwort ändern oder ein neues hinzufügen. Für die Sicherheit der Passwörter sorgt eine 256-Bit-AES-Verschlüsselung: Selbst wenn jemand auf Ihre Dropbox käme und die Datei stehlen würde, er könnte ohne Ihr Kennwort nichts damit anfangen.

Falls Sie kein Vertrauen zum Dienst Dropbox haben, bietet eWallet auch eine direkte Synchronisation über Ihr WLAN an. Ein Rechner muss bei dieser Variante als Server agieren, der die aktualisierte Passwortdatei an alle anderen Geräte verteilt.

Die Zwei-Faktor-Authentifizierung

„Doppelt gemoppelt hält besser", das ist auch im Zusammenhang mit dem Schutz Ihrer Daten wahr. Ein Passwort allein ist nur so lange Garant für Ihre Anonymität, wie kein anderer es kennt. Das kann leider bei aller Vorsicht immer mal wieder passieren, auch ganz ohne Ihr Zutun, wie die diversen Passwort-Leaks zeigen. Da hilft es, wenn Sie noch eine zweite Sicherheitsebene einziehen.
Das Prinzip dieser Zwei-Faktor-Authentifizierung baut auf zwei Säulen:

- **Wissen:** Hier geht es um das klassische Passwort. Das müssen Sie wissen. Dieses Wissen kann aber durch Unachtsamkeit oder ein Sicherheitsleck an einen Unbefugten übergehen.
- **Besitz:** Hier geht es um etwas, was Sie besitzen, zum Beispiel Ihr Handy. Oft bekommen Sie nach Passworteingabe noch einen Code per SMS auf das Handy geschickt, den Sie ablesen müssen – was nur möglich ist, wenn Sie eben dieses Handy zur Hand haben.

Die Kombination der beiden Faktoren sorgt für deutlich mehr Sicherheit als ein Passwort allein. Selbst wenn das Passwort kompromittiert wurde, muss ein Angreifer zusätzlich Ihr Handy oder ein anderes zu diesem Zweck genutztes Gerät, ein sogenanntes Token, in seinen Besitz bekommen, um sich erfolgreich anmelden zu können.
Viele der großen Dienste wie Microsoft 365, Facebook und Drop-

box bieten die Zwei-Faktor-Authentifizierung an. Sie müssen sie nur einmal aktivieren. Am Beispiel des E-Mail-Dienstes GMX lässt sich zeigen, dass die Einrichtung recht einfach ist. Für andere Dienste ist der Weg sehr ähnlich:

1 Laden Sie sich vorab die Authenticator-App aus dem Play Store bzw. dem App Store herunter.

2 Melden Sie sich bei Ihrem GMX-Konto an.

3 Klicken Sie dann auf *Passwort/Sicherheit* und auf *Sicherheit*.

4 Ganz unten finden Sie den Eintrag *Zwei-Faktor-Authentifizierung aktiveren*, klicken Sie diesen an.

5 Über *Jetzt Einrichtung starten* folgen Sie den Anweisungen auf dem Bildschirm.

6 Geben Sie eine Mobilfunknummer ein, an die per SMS Codes verschickt werden können.

7 In der Authenticator-App klicken Sie auf das +, um ein neues Konto hinzuzufügen.

8 Die Webseite zeigt Ihnen nun einen Barcode an, den Sie mit der Authenticator-App scannen.

9 Die App erkennt das Konto und synchronisiert sich mit dessen Einstellungen. In der Folge zeigt es Ihnen einen sechsstelligen Zahlencode an, den Sie wiederum auf der Webseite eingeben müssen.

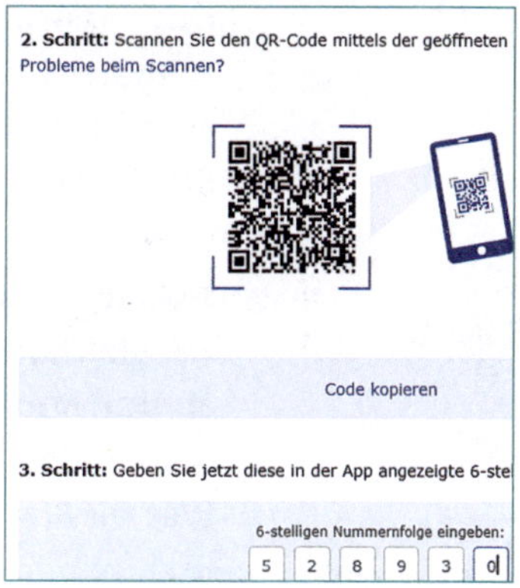

Bei jeder neuen Anmeldung bei Ihrem GMX-Konto fragt dieses nun nach Eingabe von Benutzername und Kennwort einen Authentifizierungscode ab. Diesen können Sie in der Authenticator-App ermitteln und einfach in das Eingabefeld eintragen.

Nicht jedes Programm ist mit der Methode der Zwei-Faktor-Authentifizierung vertraut. Wenn Sie beispielsweise auf Ihr GMX-Konto über das E-Mail-Programm Outlook zugreifen, dann müssen Sie sich ein Einmalpasswort erstellen lassen. Das finden Sie im Sicherheitsbereich unter *Anwendungsspezifische Passwörter*. Für jede App bekommen Sie ein separates Einmalkennwort, darum ge-

ben Sie jedem neuen Einmalpasswort einen Namen, mit dem Sie es identifizieren können.
Im Beispiel: Bei der ersten Anmeldung mit Outlook bei GMX, also bei der Einrichtung des Kontos, geben Sie das Einmalpasswort anstatt des normalen Kennworts ein. Wenn Sie den Verdacht haben, das Konto wurde von einem Unberechtigten verwendet, dann löschen Sie das Einmalpasswort und legen ein neues an. Der Angreifer kommt damit nicht mehr an Ihre E-Mails, und Ihr eigentliches Kontopasswort ist nicht gefährdet.

Die bessere Alternative: Biometrie

Das Passwort ist zwar kaum wegzudenken, aber allein ist es zu schwach. Die Zwei-Faktor-Authentifizierung bietet hier Abhilfe, ist aber vielen Anwendern zu kompliziert. Eine immer beliebter werdende Anmeldevariante ist die Biometrie: Ihren Fingerabdruck oder Ihr Gesicht haben Sie immer dabei und merken müssen Sie sich auch nichts. Sie legen einfach den Finger auf einen Scanner, der gleicht den gespeicherten Fingerabdruck mit dem gescannten ab und entscheidet in Sekundenbruchteilen, ob Sie es sind oder nicht. Ähnlich verhält es sich mit einem 3D-Scan Ihres Gesichts.
Was wie Stoff aus einem Agententhriller klingt, ist schon lange Realität. Windows fasst die biometrischen Verfahren unter Windows Hello zusammen, macOS kennt sie unter Touch ID und Face ID. Sie benötigen dafür jedoch Zusatzhardware. Idealerweise ist diese im Gerät bereits vorhanden. Viele Notebooks von Microsoft, Lenovo, HP und anderen Herstellern haben mittlerweile eine 3D-Kamera neben der Webcam verbaut oder einen Fingerabdruckscanner irgendwo in der Tastatur. Webcam wie auch Fingerabdruckscanner lassen sich im wohlsortierten Handel aber auch nachkaufen. Achten Sie darauf, dass diese für Windows Hello geeignet sind. Dann brauchen Sie nämlich – außer gegebenenfalls Gerätetreibern – keine extra Software zu installieren, und die Hardware integriert sich vollkommen in den internen Anmeldeprozess von Windows.

Bei macOS ist es ein wenig anders: Nur einige der neuen MacBook Pro haben neben der Touch Bar einen Fingerabdruckscanner eingebaut. Für iMacs und MacBooks erwartet man die vom iPhone bekannte Gesichtserkennung Face ID in naher Zukunft.

Windows Hello

Windows Hello versteckt sich in den Einstellungen von Windows 11 unter *Konten*, *Anmeldeoptionen*, *Windows Hello*. Hier finden Sie – soweit Windows die dafür benötigte Hardware erkennt – Einträge für Fingerabdruck und Gesichtserkennung.

Als Erstes erfordert die Einrichtung eines neuen Fingerabdruck- oder Gesichtsscans die Konfiguration einer PIN. Diese muss nicht vierstellig sein, Sie können sie durchaus länger wählen und auch Buchstaben verwenden. Sie dient nicht vornehmlich der Anmeldung bei Windows (auch wenn sie zur Vereinfachung auch dazu genutzt werden kann), sondern zur Absicherung der Fingerabdruck- und Gesichtsdaten. Ist beispielsweise Ihre Fingerkuppe verletzt und der Sensor kann deswegen den Abdruck nicht mehr erkennen, dann hilft die PIN.

Info

PIN oder Passwort – was ist der Unterschied? Eine PIN ist immer an ein Gerät, nicht an ein Konto gebunden. Das ist ein Vorteil gegenüber einem Passwort. Die PIN kann viel schwerer abgefangen werden, als es bei der Übertragung eines Passworts an einen Server über viele Zwischenstationen der Fall ist. Hinzu kommt, dass die PIN in einem Hardwaremodul, dem TPM- oder Trusted-Platform-Modul des PCs, abgelegt und dort hervorragend vor Missbrauch geschützt ist.

Als Nächstes konfigurieren Sie die gewünschte biometrische Sicherungsmethode. Für den Fingerabdruck werden Sie aufgefordert, erst die Innenfläche aufzulegen, dann in einem weiteren Schritt die Randbereiche. Damit wird die Erkennung so fein, dass Windows Sie auch bei schräg aufgelegtem Finger noch erkennt. Da Verletzungen an der Fingerkuppe nicht selten sind, ist es sinnvoll, gleich mehrere Finger hinzuzufügen, damit Sie gegebenenfalls einfach einen anderen Finger verwenden können.

Bei der Gesichtserkennung verhält es sich naturgemäß ein wenig anders: Sie haben schließlich nur ein Gesicht. Trotzdem, wenn Sie erstmalig die Erkennung haben durchführen lassen und das Gesichtsmuster gespeichert ist, klicken Sie ruhig immer mal wieder auf *Erkennung verbessern*. Besonders dann, wenn Sie eine Brille tragen oder die Haare mal offen, mal zum Pferdeschwanz oder Dutt gebunden tragen. Windows 11 ergänzt die Erkennung dann mit den weiteren Looks und verbessert sie so Mal für Mal.

Wenn Sie sich nun bei Windows 11 anmelden, sehen Sie für jede konfigurierte Anmeldemethode ein Symbol. Zum Anmelden müssen Sie nur noch den Finger auf den Fingerabdrucksensor legen oder in die Kamera schauen, schon ist Ihr PC sicher entsperrt, ohne dass Sie das Risiko eines Passwortverlusts befürchten müssen.

Touch ID auf dem Mac

Auch macOS hat eine biometrische Anmeldemethode, allerdings erst seit kurzer Zeit. Der Hintergrund ist einfach: Lange Jahre war der Mac nur ein Nischenprodukt für ganz bestimmte Anwenderschichten. Grafikdesigner, Videoschnittprofis und andere Kreative nutzten aufgrund der verfügbaren Software und der guten Abstimmung auf die Hardware diese Plattform. Das ist aber im Verhältnis zu den gesamten Anwendern nur eine vergleichsweise kleine Gruppe, und da die Entwicklung von Schadsoftware nun mal ein nicht ganz so einfaches Unterfangen ist, waren Mac-Benutzer nicht die Zielgruppe für Hacker.

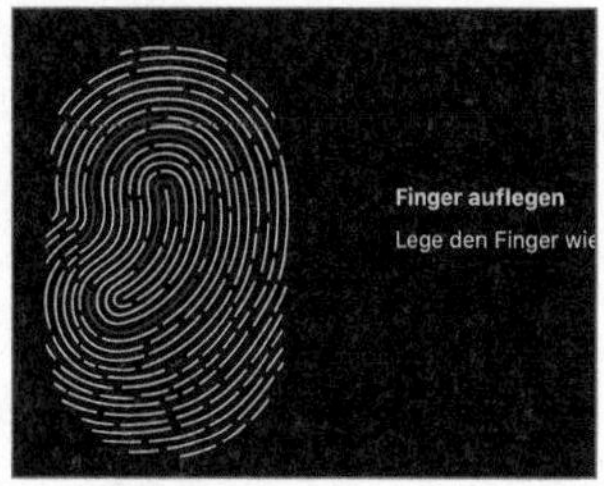

Das hat sich in den vergangenen Jahren mehr und mehr gewandelt. Zum einen stieg die Verbreitung der Produkte aufgrund der günstigeren Preise, zum anderen hat sich auch die Struktur von Schadsoftware geändert. Früher war das Hauptaugenmerk die schnelle Verbreitung eines Virus: Je größer die Epidemie, desto erfolgreicher war ein Virus. Heute geht es mehr um die Fernsteuerbarkeit: Ein leistungsfähiger Rechner, der in ein Botnetz eingebunden ist, ist wertvoller als viele lahme Möhrchen, auf denen ein Virus Daten löscht.

Bisher haben nur wenige MacBooks den Touch-ID-Sensor. Dieser befindet sich am rechten Rand bzw. neben der Touch Bar im Ein-/Ausschalter. Die Konfiguration können Sie über die Einstellungen unter Touch ID vornehmen. Wie beim PC legen Sie erst die Mitte der Fingerkuppe, dann die Randbereich auf und wiederholen das für mehrere Finger. Beim Systemstart müssen Sie zwar immer einmal das Passwort eingeben, nach jedem Sperren können Sie dann aber den Fingerabdruck zum Entsperren verwenden. Touch ID lässt sich außerdem auch zum Authentifizieren von Käufen und zur Nutzung der Zahlungsfunktion von Apple Pay verwenden.

Absolute Sicherheit ist ein Mythos

Egal, welches Gerät Sie verwenden, welches Betriebssystem darauf läuft und welche technischen wie organisatorischen Maßnahmen Sie ergreifen: Absolute Sicherheit gibt es nicht, nicht einmal bei den biometrischen Sensoren. Ein Fingerabdruck kann kopiert und mit viel Aufwand auf einen Gummifinger aufgetragen werden.

Die Infrarotkameras für die Gesichtserkennung lassen sich nicht durch ein Foto täuschen, denn sie verwenden ein 3D-Abbild des Gesichts. Trotzdem ist es Hackern gelungen, mit einem 3D-Modell eines realen Gesichts und Farbe einen solchen Sensor zu täuschen. Der Punkt ist aber ein anderer: Je mehr Sie in den Schutz Ihrer Anonymität investieren, desto geringer ist das Risiko, dass diese verletzt wird. Es mag keine 100 Prozent Schutz geben. 99,99 Prozent schaffen aber auch schon ein beruhigendes Gefühl!

Ohne Updates geht es nicht

Eigentlich ist so ein PC oder Mac nicht viel anders als ein Haus. Sie haben bestimmte Bereiche, die von Ihnen selbst kontrolliert werden: die Türen und Fenster, an denen Sie für die Schlösser verantwortlich sind und deren Schlüssel Sie sicher aufbewahren müssen. Hinzu kommen das Garagentor, für das Sie einen Funksender verwenden, und die Kellerfenster, die Sie zusätzlich vergittert haben. Nur nützt Ihnen alle Vorsicht nichts, wenn der Funksender des Garagentors eine Schwachstelle hat, durch die ein Fremder es öffnen kann. Das liegt außerhalb Ihrer Kontrolle und ist nur durch eine Aktualisierung des Senders zu lösen.

Das Ziel: Sicherheitslücken beseitigen

Bei einem PC ist es ähnlich: Passwörter und Kontenschutz beherrschen Sie (jetzt). Das nützt Ihnen aber gar nichts, wenn Windows selbst oder ein Programm bzw. eine App eine Sicherheitslücke haben. Darauf haben Sie kaum Einfluss, Sie müssen auf die Fehlerbehebung des Herstellers warten. Und die kommt, meist sogar relativ zeitnah. Die Hersteller verfolgen sehr genau, wo und wann eine Sicherheitslücke auftaucht, und veröffentlichen Updates.
Viele Anwender sind von Updates nicht gerade begeistert: Man muss sie installieren, das kostet Zeit. Zeit, die scheinbar verschwendet wird, da für den Anwender keine Verbesserung sichtbar ist. Doch gerade diese nicht sichtbaren Dinge sind es, die die regelmä-

ßigen Updates so wichtig machen wie den regelmäßigen Check-up beim Arzt.

Updates von Microsoft

Microsoft hat mit Windows 11 das erste Mal einen Update-Zwang eingeführt, weil man über Jahre festgestellt hat, dass viele Rechner, von denen Daten gestohlen wurden, es den Angreifern leicht gemacht haben: durch nicht installierte Updates, die bei Installation bekannte Sicherheitslücken längst geschlossen hätten.
Sie haben deshalb nur noch bedingten Einfluss auf die Updates: In den *Einstellungen* von Windows können Sie unter *Update und Sicherheit*, *Windows Update*, *Erweiterte Optionen* veranlassen, dass die Sicherheitsupdates pausieren. Das geht allerdings maximal für 35 Tage, dann müssen sie installiert werden.
Der Sicherheit Ihrer Daten zuliebe lassen Sie die automatischen Updates aktiviert. Installieren Sie Updates direkt, wenn sie verfügbar sind. Ganz wichtig: Aktivieren Sie auch die Option *Updates für andere Microsoft-Produkte bereitstellen, wenn ein Windows-Update ausgeführt wird*. Dann werden auch die Office-Anwendungen und andere installierte Microsoft-Programme aktuell gehalten. Denn die Daten, die Sie in Ihren Word-Dokumenten, Excel-Tabellen, PowerPoint-Präsentationen speichern, die Informationen, die über E-Mails in Outlook oder Konversationen über Skype oder Teams fließen, sollte kein Unberechtigter einsehen können.

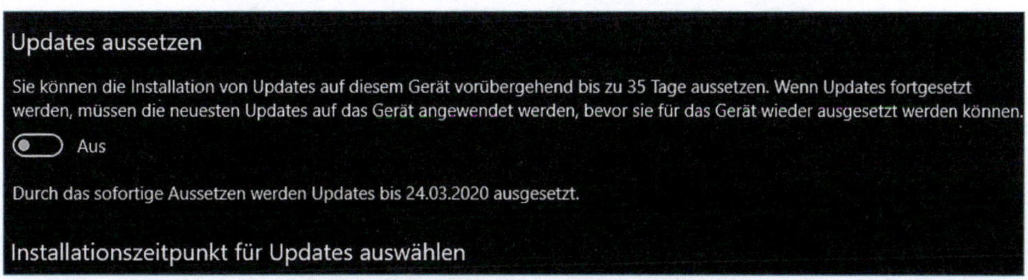

Updates auf dem Mac

Auch auf dem Mac gibt es ähnliche Einstellungen. Wechseln Sie in die *Einstellungen* und klicken Sie auf *Updates*. Hier zeigt macOS Ihnen, wenn Updates vorhanden sind, und lässt Sie diese installieren. Klicken Sie auf *Weitere Optionen*, dann können Sie einstellen, ob Sie Updates direkt automatisch installieren wollen und ob zusätzlich auch App-Updates aus dem App Store installiert werden sollen. Ihren Daten zuliebe lassen Sie diese Optionen aktiviert beziehungsweise aktivieren Sie sie, wenn sie es noch nicht sind.

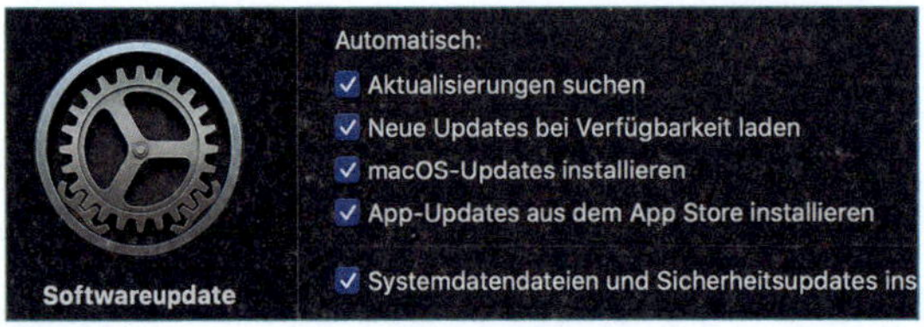

Updates anderer Programme

Viele von Ihnen installierte Programme suchen automatisch nach Updates und bieten Ihnen die neue Version zur Installation an. Trotzdem sollten Sie regelmäßig auf den Herstellerseiten kontrollieren, ob nicht schon eine neue Version verfügbar ist. Der Aufwand lohnt sich, wenn Sie Ihre Daten schützen wollen.

Verschlüsselung: Noch mehr Sicherheit

Eigentlich sind Ihre Dateien an sich unproblematisch. Erst die Daten, die sich darin befinden, verraten dem Unberechtigten viel über Sie als Person, Ihre Vorlieben und Ihre Geheimnisse. Grundsätzlich kann jeder die Dateien lesen. Programme haben Standarddateiformate, die jeder öffnen kann. Auch wenn Sie Ihren Rechner noch so gut schützen, entwendet jemand die Festplatte oder gleich das ganze Gerät, dann sind all Ihre Daten schnell im Internet verfügbar. Das können Sie jedoch verhindern: Verschlüsseln Sie Ihre Daten! Das geht schnell mit Windows-Bordmitteln oder kostenlosen Programmen.

Windows BitLocker

Schon seit Windows Vista ist BitLocker in einige Versionen des Betriebssystems integriert, bei Windows 11 beispielsweise in die Pro- und Enterprise-Version. Der Schlüssel bindet sich an die Hardware. Er wird also nicht von Ihnen selbst festgelegt, sondern aus den Basisdaten Ihres PCs generiert und über das TPM (Trusted Platform Module) des Geräts geprüft. Die komplette Festplatte wird automatisch über diesen Schlüssel verschlüsselt, und beim Systemstart wird überprüft, ob der Datenträger immer noch im selben Rechner steckt. Ist das nicht der Fall, bleibt er verschlüsselt und ist nicht lesbar. Schlechte Chancen für den Dieb! Er hat dann eine Festplatte, die er löschen und neu formatieren kann, an Ihre Daten kommt er aber nicht, zumindest nicht in lesbarer Form.

▶ **BitLocker aktivieren:** Suchen Sie in der Suchleiste von Windows nach „BitLocker“ und klicken Sie im Suchergebnis auf *BitLocker verwalten*. Sollte BitLocker nicht aktiviert sein, dann können Sie das hier nachholen.

Wechseldatenträger verschlüsseln

Bestimmte Versionen von Windows (Windows 11 gehört dazu) bieten Ihnen an, auch Wechseldatenträger zu verschlüsseln. Diese Funktion nennt sich *BitLocker To Go* und sie ist empfehlenswert, wenn Sie USB-Sticks mit vertraulichen Daten unterwegs dabeihaben. Denn so ein USB-Stick geht verloren oder wird entwendet.

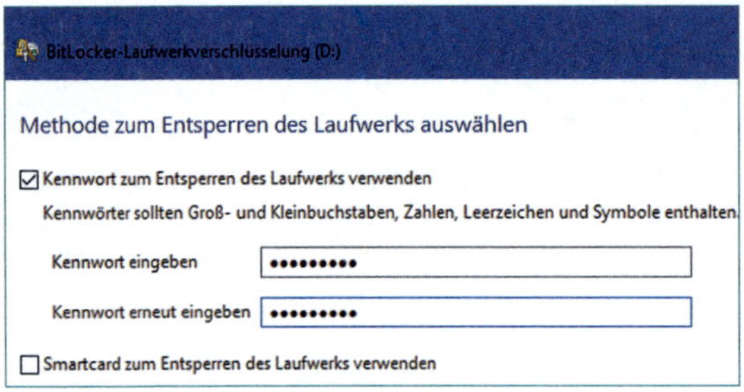

Das Verschlüsseln ist in wenigen Schritten erledigt:

1 Öffnen Sie den Windows Explorer.

2 Klicken Sie mit der rechten Maustaste auf den zu verschlüsselnden Datenträger.

3 Wählen Sie *BitLocker aktivieren* aus.

4 Geben Sie ein Kennwort ein, mit dem der Datenträger verschlüsselt werden soll.

Wenn Sie von einem anderen Rechner auf den Datenträger zugreifen, fragt Windows das Kennwort ab. Geben Sie es ein, können Sie auf die Daten zugreifen. Ohne das Kennwort aber kann der Dieb oder Finder des USB-Sticks Ihre Daten nicht lesen und benutzen.

Schlüssel sichern

Nun ist der Mensch vergesslich, und tatsächlich kommt es immer wieder vor, dass die BitLocker-Verschlüsselung nach dem Code verlangt. Beispielsweise wenn Sie die Festplatte in einen anderen Rechner einbauen wollen. Dann erkennt BitLocker beim Start ganz korrekt, dass die Hardware sich verändert hat, und verweigert erst einmal den Zugriff auf die Daten. Für so einen Fall ist es klug, wenn Sie den Schlüssel vorher gesichert haben. Klicken Sie dazu mit der rechten Maustaste auf den Eintrag der Festplatte im Explorer und dann auf *BitLocker verwalten*. Ein Klick auf *Wiederherstellungsschlüssel sichern* gibt Ihnen drei Möglichkeiten:

- **Clouddomänenkonto sichern:** Dies sichert den Schlüssel in das konfigurierte Cloudkonto, zum Beispiel Ihr Microsoft-Konto.
- **In Datei speichern:** Der Schlüssel wird in einer Datei gesichert. Nutzen Sie einen USB-Stick. Eine Sicherung auf der verschlüsselten Festplatte, die Sie entschlüsseln müssen, ist wenig sinnvoll.

Info

Es muss nicht alles zu spät sein: Wenn Sie keine Sicherung manuell angelegt haben und die Festplatte plötzlich den Wiederherstellungsschlüssel anfordert, dann haben Sie eine gute Chance, trotzdem noch an die Daten zu kommen. Vorausgesetzt, Sie nutzen nicht das lokale, sondern das Microsoft-Konto. Dann finden Sie unter https://onedrive.live.com/recoverykey eine Liste aller Wiederherstellungsschlüssel von Festplatten, die Sie unter diesem Microsoft-Konto mit BitLocker verschlüsselt haben.

- **Wiederherstellungsschlüssel drucken:** Dies ist die analoge Variante, Sie erhalten einen Ausdruck auf Papier.

Bei aller Bemühung um Anonymität sollten Sie es nicht so weit treiben, dass Sie sich am Ende selbst aussperren. Eine Sicherheitskopie der Wiederherstellungsschlüssel ist daher empfehlenswert. Wichtig ist nur, dass Sie sie getrennt vom Gerät aufbewahren! Der USB-Stick oder der Ausdruck gehören nicht in die Notebooktasche, sondern am besten in einen Safe, oder sie werden von einer Vertrauensperson in einer anderen Wohnung aufbewahrt, also an einem Ort, zu dem der unberechtigte Nutzer Ihrer Festplatte keinen Zugang hat.

FileVault auf dem Mac

Auch der Mac hat ein eigenes Verschlüsselungsprogramm. Es heißt FileVault und funktioniert so ähnlich wie BitLocker. Um FileVault zu aktivieren, gehen Sie wie folgt vor:

1 Klicken Sie auf den *Apfel* oben links, dann auf *Systemeinstellungen*, *Sicherheit*, *FileVault*.

2 Wenn FileVault für die Festplatte noch nicht aktiviert ist, dann klicken Sie auf das *Schloss* unten links, geben das Kennwort für den Mac ein und klicken dann auf *FileVault aktivieren*.

3 Für die Entschlüsselung können Sie auswählen, ob diese durch Anmeldung mit Ihrem iCloud-Account erfolgen soll oder Sie manuell einen Wiederherstellungsschlüssel erstellen wollen.

4 Die Verschlüsselung via FileVault wandelt die Festplatte in Apples APFS-Format um und verschlüsselt sie dann. Rechner mit älteren macOS-Versionen können diese Festplatte dann gegebenenfalls nicht lesen. Das ist Ihnen im Standardfall aber herzlich egal.

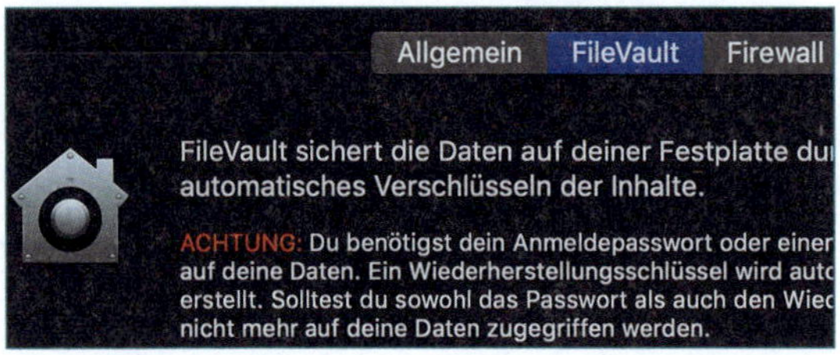

Verschlüsseln von Dateien

Eine komplette Festplatte zu verschlüsseln ist nicht immer die beste Methode. Vor allem dann, wenn Sie einzelne Dateien weitergeben möchten oder auf einer Festplatte, die mehrere Leute verwenden, nur bestimmte Daten vor dem Lesen durch andere Nutzer schützen wollen, gibt es Alternativen.

Die einfachste ist die Verwendung des kostenlosen Komprimierungsprogrammes 7-Zip. Das wird (wie auch WinRAR oder WinZip, die es auch für den Mac gibt) normalerweise dazu genutzt, eine Menge von Dateien bzw. eine Ordnerstruktur in eine einzelne Datei zu verpacken, um sie einfacher transportieren zu können. Alle diese Programme bieten zusätzlich die Möglichkeit, das erzeugte Archiv mit einem Kennwort zu versehen. Dieses Kennwort wird dann als Schlüssel für die Verschlüsselung der Datei verwendet.

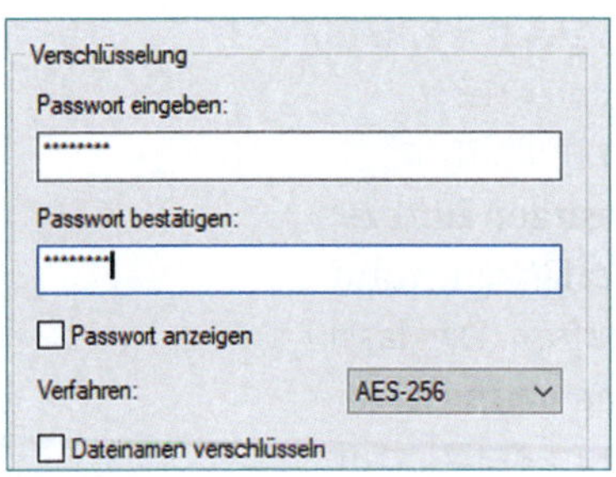

1 Markieren Sie die Datei(en), die Sie verschlüsseln wollen, mit der Maus.

2 Klicken Sie sie mit der rechten Maustaste an.
3 Klicken Sie dann auf *7-Zip, Zu einem Archiv hinzufügen*.
4 Geben Sie unter *Passwort eingeben* und *Passwort bestätigen* zweimal das gewünschte Passwort ein. Dieses sollte, wenn Sie es an eine andere Person weitergeben wollen, nicht Ihren für andere Zwecke genutzten Passwörtern entsprechen!
5 Normalerweise zeigt 7-Zip die Dateinamen im Archiv an und fordert das Passwort erst an, wenn Sie die Dateien selbst öffnen wollen. Wenn Sie auch die Dateinamen unlesbar machen wollen, aktivieren Sie *Dateinamen verschlüsseln*.

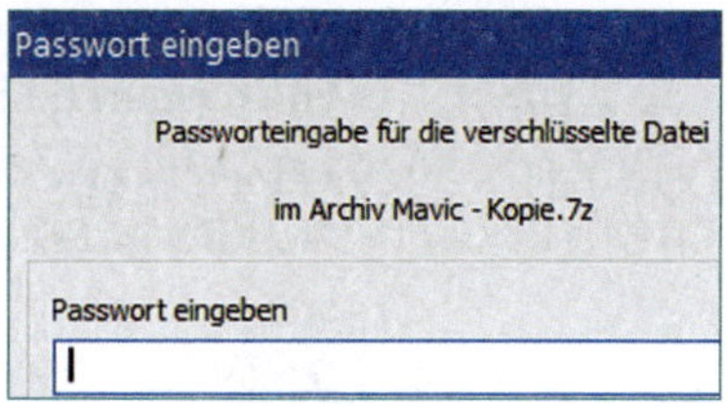

Wer auch immer das Archiv bekommt, kommt erst dann an die Dateien, wenn er das korrekte Passwort eingibt. Alternativ müsste er eine Menge Rechenkapazität investieren, um die AES-256-Verschlüsselung von 7-Zip zu knacken.

Den Schlüssel sicher weitergeben

Sicherheit ist nicht nur Technik, sondern auch viel gesunder Menschenverstand. Oder andersherum: Auch die beste Technik schützt nicht vor menschlichen Fehlern. So soll es Anwender geben, die die Dateien auf einem USB-Stick verschlüsseln und das Passwort auf einem Aufkleber notieren. Auch das Versenden verschlüsselter Dateien per E-Mail mit dem Passwort in der Mail selbst ist kein seltener Fall. Das ist ungefähr so effektiv, als würden Sie Ihr Haus mit einem Sicherheitsschloss verschließen und den Schlüssel in einem offenen Schlüsselkasten außen neben der Tür aufbewahren.
Einmal mehr: Die Trennung von Wissen und Besitz schafft mehr Anonymität. Wenn der Empfänger die Dateien besitzen und zusätzlich auf einem anderen Wege das Passwort erfahren muss, dann ist eine zusätzliche Sicherheitsschicht geschaffen. Das lässt sich ganz einfach umsetzen: Schicken Sie die Dateien beispielsweise per E-Mail, das Passwort dann auf einem anderen Kanal, zum

Beispiel via SMS, Messenger-Nachricht, oder teilen Sie es in einem Anruf mit. Selbst wenn das E-Mail-Konto des Empfängers kompromittiert ist, sind Ihre Daten noch sicher.

Verschlüsselung systemseitig unter Windows

Wenn Ihnen die Verschlüsselung von BitLocker allein noch nicht ausreicht und Sie den zusätzlichen Aufwand eines verschlüsselten Archivs scheuen, dann können Sie eine zweite Verschlüsselungsebene einziehen. Mehr Schutz der Anonymität geht schließlich immer! Die einzige Voraussetzung: Sie müssen mindestens Windows 10 Pro oder Enterprise einsetzen. Dann können Sie das Enterprise File System (EFS) von Windows verwenden. Zum Verschlüsseln einer Datei gehen Sie wie folgt vor:

1. Klicken Sie mit der rechten Maustaste auf die Datei, die Sie verschlüsseln wollen.
2. Öffnen Sie mit der rechten Maustaste das Kontextmenü und klicken Sie auf *Eigenschaften*, *Erweitert*, dann *Inhalt verschlüsseln, um Daten zu schützen*.
3. Verschlüsselte Dateien werden im Explorer durch ein kleines Schloss-Symbol dargestellt.

Wichtig: Diese Verschlüsselung hängt am Benutzerkonto. Sobald sich jemand mit Ihrem Benutzerkonto an den Rechner anmelden konnte, kann er EFS-verschlüsselte Dateien öffnen. Wird eine Datei per E-Mail oder auf einem USB-Stick weitergegeben, dann ist sie automatisch wieder entschlüsselt.

Verschlüsselung von Datenträgern unter macOS

Wenn Sie mit Bordmitteln einen Datenträger wie eine externe Festplatte oder einen USB-Stick unter macOS verschlüsseln wollen, dann bedarf das meist einer Formatierung und damit der Löschung der Daten. Beachten Sie dabei, dass eine von macOS verschlüsselte Festplatte auch nur auf einem Mac gelesen werden kann. Wenn Sie zwischen Mac und Windows wechseln, dann verwenden Sie besser eine kostenlose Softwarelösung wie VeraCrypt:

1 Kopieren Sie eventuell auf dem Datenträger vorhandene Dateien in ein Verzeichnis auf der Festplatte oder an einen anderen Ort.

2 Starten Sie das Festplattendienstprogramm.

3 Klicken Sie oben links auf *Darstellung*, *Alle Geräte anzeigen*.

4 Klicken Sie auf den zu verschlüsselnden Datenträger. Wichtig dabei: Das Festplattendienstprogramm zeigt Ihnen den Datenträger oben, das erzeugte Volumen in einer Ebene darunter an. Sie müssen den Datenträger markieren, sonst sehen Sie die folgenden Optionen nicht!

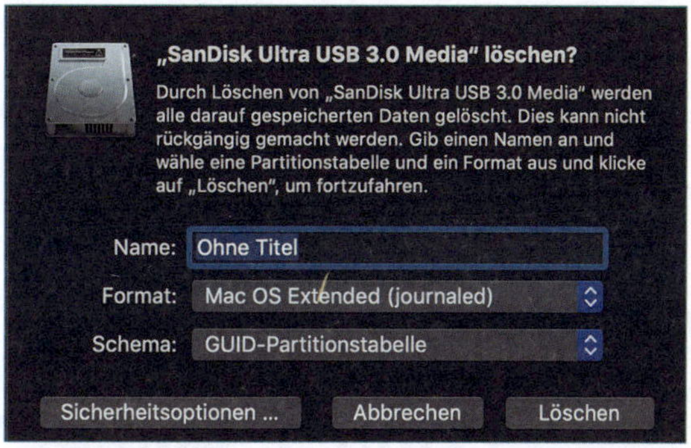

5 Geben Sie dem Datenträger einen Namen, unter dem er später im Finder angezeigt wird.

6 Klicken Sie in der Symbolleiste auf *Löschen*, dann wählen Sie als Format *Mac OS Extended (Journaled)* aus.

7 Unter *Schema* wählen Sie *GUID-Partitionstabelle*.

8 Formatieren Sie den Datenträger durch einen Klick auf *Löschen*.

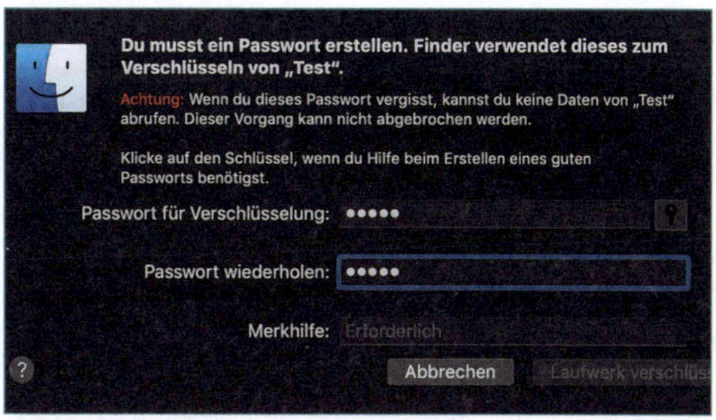

Die Verschlüsselung selbst starten Sie jetzt durch einen Rechtsklick auf den Datenträger im Finder und *<Name des Datenträgers> verschlüsseln*. Sie müssen einmal mehr ein Passwort wählen und es zweimal eingeben. Zusätzlich erfordert macOS zwingend eine Merkhilfe, die Sie an ein vergessenes Passwort erinnern kann.

Ist Verschlüsselung sinnvoll?

Die offensichtliche Antwort: Ja, sonst hätten Sie die letzten Seiten nicht lesen müssen. Anonymität bedeutet schließlich, dass Ihre Daten von Fremden nicht gelesen werden können. Früher gab es das Gegenargument, dass die Rechner und Festplatten durch Verschlüsselung langsamer würden. Das gilt heute bei den immer leistungsfähigeren Rechnern nicht mehr. Die Verschlüsselung von Festplatten sollten Sie also im Standard aktivieren.
Ob alle Datenträger oder gar einzelne Dateien verschlüsselt werden sollten, das hängt stark davon ab, wie kritisch die darauf gespeicherten Daten sind und wie hoch Ihr Sicherheitsbedürfnis ist. Faustregel: Wenn es Ihnen unangenehm wäre, wenn ein Fremder die Daten lesen könnte, dann nutzen Sie Verschlüsselung!

Die Spione in Ihrem Computer

Sie haben auf Ihrem Rechner eine Menge an Daten gespeichert. Die offensichtlichsten – Ihre Dateien – wurden bereits ausführlich beleuchtet. Das ist aber nicht alles: Auch das Gerät selbst legt eine Menge an Daten an, teilweise so, dass Sie als Anwender kaum etwas davon merken.
Ein technisches Gerät ist heute weit mehr als ein stupider Taschenrechner. Das liegt vor allem an der Vielzahl von Apps, Anwendungen und Aufgaben, mit denen die Anwender es betrauen. In der Konsequenz haben die Geräte zahlreiche Sensoren eingebaut, die im Hintergrund Daten aufnehmen: Webcam, GPS zur Positionsbestimmung, Mikrofon, Gyroskop für die Neigungsmessung des Geräts und mehr. Die darüber gewonnenen Daten sind meist noch

wertvoller als Ihre Dateien, denn sie geben vor allem Auskunft über Ihr Verhalten und über das, was Sie gerade tun.
Einmal mehr gilt es abzuwägen: Ein PC oder Mac ist natürlich keine Spionagemaschine, das ist weder seine Aufgabe noch der Plan der Entwickler. Alle genannten Sensoren dienen einem sinnvollen Zweck und helfen Ihnen bei bestimmten Anwendungen. Werden sie allerdings missbraucht, und sei es unabsichtlich, können sie Sie exponieren und Ihnen potenziell Schaden zufügen.

Die Ortung per GPS und WLAN

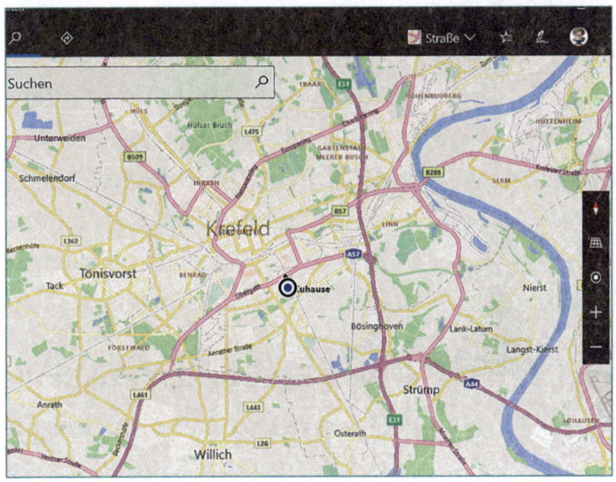

Die Ortung auf einem PC oder Mac kann auf zwei Arten stattfinden: per GPS oder per WLAN. Die Nutzung des Global Positioning System (GPS), eines seit den 1970er-Jahren bestehenden Netzes von geostationären Satelliten, ist die genaueste Variante. Mithilfe der Signale dieser Satelliten kann der Empfänger seine aktuelle Position bis auf wenige Meter genau berechnen.
Stationäre PCs haben oft keinen eingebauten GPS-Empfänger. Das ist allerdings nur bedingt ein Grund zur Beruhigung, denn Ihre Position kann trotzdem recht genau bestimmt werden. Ein WLAN-Modul hat mittlerweile so gut wie jeder Rechner. Gerade in Ballungsräumen gibt es überall eine Vielzahl von WLANs. Öffentliche Hotspots, Firmen-WLANs und auch die Router, die in so gut wie jedem Haushalt stehen, sind in unterschiedlicher Stärke zu empfangen, je nachdem, wo Sie sich gerade befinden. Anhand der Signalstärke der einzelnen WLANs (bzw. der MAC-Adressen der zugehörigen Router) an einer Position lässt sich der Standort ermitteln. Dazu gibt es Datenbanken wie die Mozilla Location Services.

Ein GPS braucht freie Sicht zum Himmel, um die Daten der Satelliten empfangen zu können. Die Ortung per WLAN hat diese Einschränkung nicht!

Warum sollte Ihr Rechner Sie orten wollen? Es gibt eine Vielzahl von hilfreichen Anwendungen, die darauf aufbauen, zum Beispiel die Routenplanung, mit der Sie im Internet oder mit der integrierten Karten-App des Betriebssystems schnell eine Wegbeschreibung erstellen können. Statt die Startposition manuell einzugeben, wird einfach die aktuelle Position verwendet. Auch Restaurants oder Läden in der Nähe lassen sich so ohne großen Aufwand finden, genauso werden Angebote im Internet für Sie gefiltert. Nicht zuletzt ist da noch die beliebteste App auf jedem Gerät: die Wettervorhersage. Ohne Positionsbestimmung müssten Sie immer erst selbst den Ort eingeben, statt automatisch die passende Vorhersage zu bekommen.

Ausschalten der Positionsbestimmung bei Windows

Dennoch kann es sein, dass Sie keine der Anwendungen, die auf einer Positionsbestimmung basieren, benötigen. Wenn Sie Ihre Position nicht preisgeben wollen, dann können Sie die Erfassung mit wenigen Klicks ausstellen:

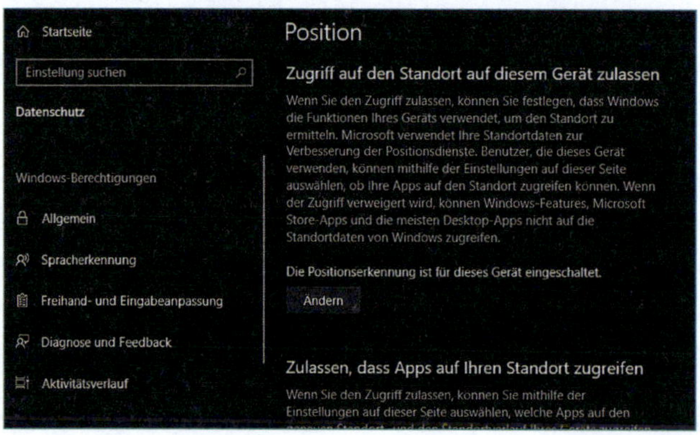

1 Die Einstellungen zur Ortung finden Sie in Windows 11 unter *Einstellungen*, *Datenschutz*, *Position*.

2 Direkt oben auf der Seite zeigt Ihnen Windows an, ob der Zugriff auf den Standort des Geräts zugelassen ist oder nicht.

3 Wenn Sie die Ortung deaktivieren wollen, klicken Sie auf *Ändern* und stellen Sie den Schalter auf *Aus*.

4 Wenn Sie nur Apps die Positionsbestimmung verbieten wollen, deaktivieren Sie das unter *Zulassen, dass Apps auf Ihren Standort zugreifen*.

Verwenden einer Fake-Position

Das Ausschalten der Position hat natürlich Auswirkungen auf die Funktionsweise aller Apps, die diese nutzen: Sie funktionieren entweder gar nicht mehr oder Sie können die Funktionen, die die Position verwenden, nicht mehr ausführen.

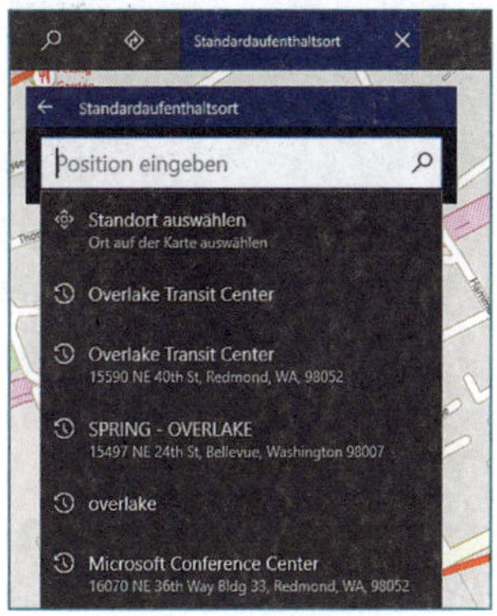

Um solche Apps weiter nutzen zu können, wenn die Position nicht genau bestimmbar ist, können Sie eine Standardposition vergeben. Klicken Sie dazu unter *Einstellungen*, *Datenschutz*, *Position* auf *Standardposition* und legen Sie diese dann in der Karten-App durch Suchen der Adresse fest. Einige Apps, die eigentlich die Position benötigen, lassen sich damit sogar weiter verwenden, wenn Sie die Positionsbestimmung allgemein ausgeschaltet haben.

Filtern der Apps, die die Position bestimmen können

Der gangbarste Weg, eine Balance zu finden zwischen Ihrem Anonymitätsbedürfnis und dem Komfort, den verschiedene Anwendungen bieten, ist die gezielte Auswahl der Apps, die die Position verwenden dürfen. Damit ist die Positionsbestimmung zwar für die Windows-Dienste erlaubt, andere Apps erfahren aber nur dann Ihre aktuelle Position, wenn Sie diese für die jeweilige App freigegeben haben.

Unter *Auswählen, welche Apps auf Ihren exakten Standort zugreifen können* finden Sie eine Liste aller Apps, die Zugriff auf die Position haben möchten. Für jede einzelne App können Sie dann entscheiden, ob sie die Position auslesen kann oder nicht. Sinnvoll ist es, alle Apps zu deaktivieren, die Sie normalerweise nicht nutzen. Diese können dann nicht im Hintergrund, ohne dass Sie das wollen, Ihre Position auslesen.

Hinweis auf die Positionsbestimmung

Windows 11 zeigt Ihnen jedes Mal an, wenn eine Anwendung auf die Position zugreift. Dann sehen Sie unten rechts im Informationsbereich einen kleinen Kreis. Wenn Sie den Mauszeiger darüber bewegen, sehen Sie dazu den Infotext: „Ihr Standort wird momentan verwendet."

Löschen des Positionsverlaufes

Windows erfasst – wenn Sie es denn zulassen – die Position immer wieder und speichert diese Daten. Nun wollen Sie vielleicht nicht, dass in Ihrem Notebook oder Tablet gespeichert ist, dass Sie bei einem Konkurrenzunternehmen zu einem Vorstellungsgespräch waren. Dann löschen Sie den Positionsverlauf einfach.

1. Klicken Sie auf *Einstellungen*, *Datenschutz*, *Position*.
2. Rollen Sie nach unten auf *Positionsverlauf*.
3. Klicken Sie auf *Löschen*.

Wenn Sie ab jetzt die Positionsbestimmung ausschalten, dann bleibt der Positionsverlauf auch in Zukunft leer.

Automatische Speicherung der Geräteposition

Die Ortung ist allerdings auch mit Vorteilen verbunden. So ist die automatische Speicherung der Position besonders bei mobilen Geräten wie Notebooks und Tablets eine sinnvolle Sache: Wenn Sie Ihr Gerät vermissen, dann können Sie schnell nachsehen, wo es das

letzte Mal online war. So finden Sie vielleicht den Ort, an dem Sie es vergessen haben oder an den ein Dieb es gebracht hat.
Diese Funktion finden Sie unter *Einstellungen*, *Update und Sicherheit*, *Mein Gerät suchen*. Wenn hier *AUS* steht, dann klicken Sie auf *Ändern*, um die Funktion zu aktivieren. Auf demselben Weg können Sie sie natürlich auch deaktivieren.

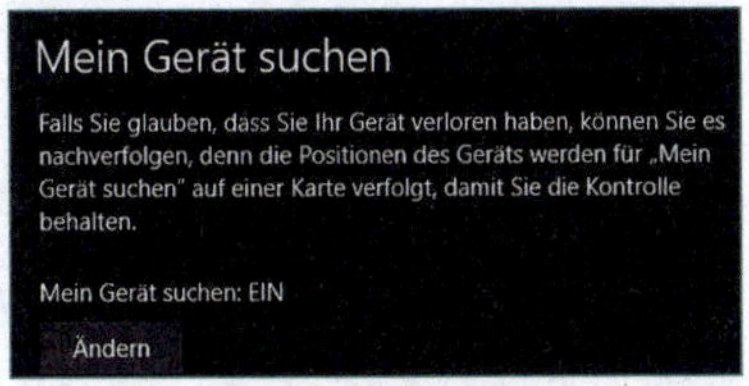

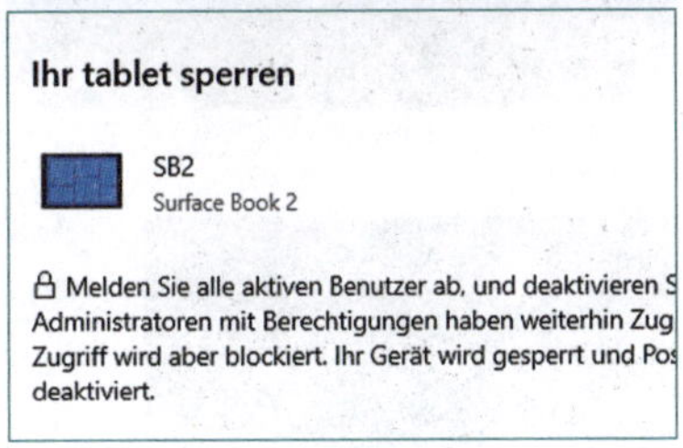

Unter http://account.microsoft.com finden Sie die Position all Ihrer Geräte, die mit demselben Microsoft-Konto verbunden sind. Außerdem können Sie dort ein Gerät, das Sie eventuell verloren haben, anklicken und dann die Schaltfläche *Sperren* aktivieren. Sobald das Gerät online ist, wird es gesperrt, alle Benutzer werden abgemeldet und es wird eine Meldung auf dem Bildschirm angezeigt, dass das Gerät nicht mehr benutzbar ist. Nur Administrator-Konten können sich dann noch anmelden und es wieder entsperren.
Es ist schon verrückt: Eine Funktion, die Daten von Ihnen preisgibt, hilft am Ende, diese vor Unbefugten zu schützen. Das zeigt, dass jede Einstellung, die Sie für die Wahrung Ihrer Anonymität machen, wohlüberlegt sein will.

Die Ortung auf dem Mac

Das Betriebssystem macOS bietet nicht ganz so viele Einstellungen, aber immer noch eine Menge Möglichkeiten, sich anonymer zu machen. Die Ortungsdienste können Sie für Apps einzeln ein- und ausschalten.

1 Klicken Sie auf den *Apfel* oben links am Bildschirmrand, dann auf *Systemeinstellungen*.

2 Klicken Sie in der oberen Symbolreihe auf *Sicherheit*.

3 Im ganz rechten Reiter finden Sie die Einstellungen zum *Datenschutz*.

4 Unter *Ortungsdienste* erhalten Sie eine Liste der Apps, die Zugriff auf die Position haben wollen. Hier können Sie App für App entscheiden, ob Sie den Zugriff zulassen oder verbieten wollen.

Auch Apple bietet eine Funktion an, mit deren Hilfe Sie das Gerät bei Bedarf finden können. Wie bei Windows funktioniert das über Ihr Onlinekonto, in diesem Fall Ihr iCloud-Konto.

1 Klicken Sie auf den *Apfel* oben links am Bildschirmrand, dann auf *Systemeinstellungen*.

2 Klicken Sie weiter unten auf *iCloud*.

3 In der Liste finden Sie je nach Gerätetyp einen Eintrag zur Suche des Geräts, zum Beispiel *Meinen Mac suchen*.

4 Aktivieren Sie diese Option, dann wird die Position des Geräts regelmäßig in Ihrem iCloud-Konto gespeichert.

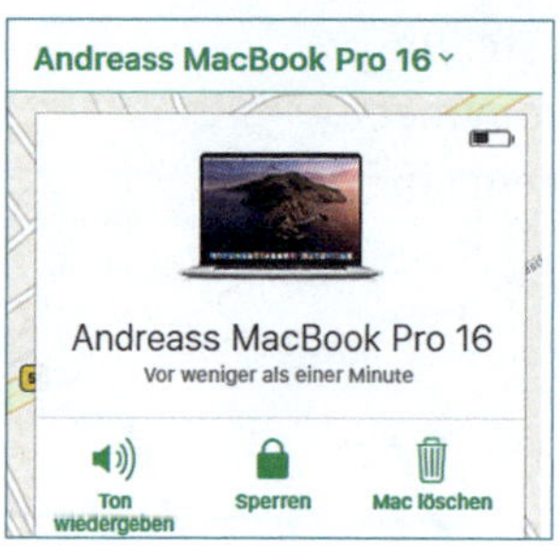

Um die letzte Position des Geräts angezeigt zu bekommen, gehen Sie auf http://www.icloud.com und melden sich mit Ihrer Apple ID an. Lassen Sie sich nicht verwirren: Die Funktion heißt *Find my* und zeigt alle Apple-Geräte an, auch Macs und MacBooks.
Klicken Sie auf *Alle Geräte* und wählen Sie dasjenige aus, dessen Position Sie in Erfahrung bringen möchten. Sie können nicht nur die Position sehen, sondern

auch über *Ton wiedergeben* veranlassen, dass das Gerät sich meldet. Außerdem können Sie es sperren oder gleich die Daten löschen. Ein verlorenes oder entwendetes Gerät ist damit für den neuen Besitzer wertlos und Ihre Daten sind sicher.

Das Mikrofon: Spracheingabe und Abhörinstrument

Jeder PC hat (mindestens) ein Mikrofon, und das ist gut so. Was früher teuren Videokonferenz-Systemen vorbehalten war, ist heute Standard. Microsoft Teams, Skype oder Facetime sind schon vorinstalliert. So können Sie problemlos von zu Hause aus am Meeting teilnehmen. Auch das Schreiben per Spracheingabe ist mittlerweile weit verbreitet. Der Nachteil des Mikrofons liegt jedoch auf der Hand: Es ist grundsätzlich in der Lage, sämtliche Gespräche im Raum aufzuzeichnen – der perfekte Spion.
Je ausgeklügelter die Hardware ist, die Sie verwenden, desto mehr Mikrofone können verbaut sein, zum Beispiel Stereoklang oder Mikrofone, die den Umgebungsklang aufnehmen, um ihn aus Ihrer Sprache herauszufiltern. Es ist kaum möglich, alle Mikrofone so abzukleben, dass sie keinen Ton mehr aufzeichnen können. Es bleibt also nur die Softwarelösung.

Ausschalten des Mikrofons bei Windows

Wenn Sie das Mikrofon komplett sperren wollen, dann können Sie das unter Windows 11 mit wenigen Klicks erledigen:

1 Gehen Sie auf *Einstellungen*, *Datenschutz*, *Mikrofon*.

2 Direkt oben auf der Seite zeigt Ihnen Windows an, ob der Zugriff auf das Mikrofon Ihres Rechners zugelassen ist oder nicht.

3 Wenn Sie das Mikrofon deaktivieren wollen, dann klicken Sie auf *Ändern* und stellen Sie den Schalter auf *Aus*.

4 Wenn Sie nur Apps den Zugriff verbieten wollen, können Sie das unter *Zulassen, dass Apps auf Ihr Mikrofon zugreifen* einstellen.

Filtern der Apps, die das Mikrofon nutzen können

Wenn Sie das Mikrofon nutzen und trotzdem ein gewisses Maß an Kontrolle behalten wollen, können Sie die Apps, die das Mikrofon verwenden dürfen, einzeln auswählen. Mit dieser Einstellung ist das Mikrofon für Windows verfügbar, Apps können aber nur darauf zugreifen, wenn Sie dies freigegeben haben.

Unter *Auswählen, welche Apps auf das Mikrofon zugreifen können* finden Sie eine Liste aller Apps, die zuhören möchten. Für jede einzelne App können Sie dann einstellen, ob sie auf das Mikrofon zugreifen darf oder nicht. Es empfiehlt sich, das Mikrofon für alle Apps zu deaktivieren, die Sie normalerweise nicht oder nur ohne Mikrofon nutzen. Wenn Sie beispielsweise auf Facebook nur Beiträge lesen und schreiben, aber nicht chatten, dann schalten Sie den Mikrofonzugriff für die Facebook-App einfach aus.

Cortana deaktivieren

Microsoft hatte mit Windows 10 eine Vision: Das Betriebssystem sollte „sexyer" werden, und dazu gehörte auch Cortana, die Sprachassistentin, die in direkter Konkurrenz zu Apples Siri steht.

→ Vertrauen Sie der persönlichen Assistentin?

Cortana kann zu Ihrer persönlichen Assistentin werden, die Sie an Dinge erinnert, Ihnen Neuigkeiten vorlegt, von denen sie weiß, dass Sie Interesse daran haben, kurz: die Sie in- und auswendig kennt. Genau das ist der kritische Punkt. Einer Assistentin aus Fleisch und Blut würden Sie schließlich auch nur dann alle Ihre Termine, Ihre Vorlieben und persönlichen Informationen mitteilen, wenn Sie ihr voll und ganz vertrauen.

Cortana muss, damit sie funktionieren kann, auf Ihrem Rechner Zugang zu allerlei Informationen haben, Daten während des Betriebs sammeln und auswerten. Und da Ihr Rechner nicht belastet werden soll und viele Informationen aus dem Internet bezogen werden, werden Teile der gesammelten Daten an Microsoft-Server übertragen. Wenn Sie das kritisch sehen, dann können Sie diese Funktion ausschalten. Allerdings sieht sich Ihre persönliche Assistentin dann ihrer Arbeitsgrundlage beraubt und verwandelt sich in eine einfache Bürogehilfin, die nur Ihren PC und auf Wunsch das Internet durchsuchen kann.

Mit Windows 10 wurde Cortana immer tief im System integriert, im Herbst 2023 aber wieder aus Windows 11 entfernt. Auch wenn der Weg inzwischen wieder von Cortana wegführt: Sie ist immer noch vorhanden und kann mithören. Das können Sie deaktivieren:

1 Die Einstellungen von Cortana finden Sie unter *Einstellungen*, *Cortana*.

2 Deaktivieren Sie *Cortana soll auf ‚Hey Cortana' reagieren*. Dann nutzt Cortana das Mikrofon nicht mehr im Hintergrund.

3 Deaktivieren Sie ebenfalls *Cortana auch bei gesperrtem Gerät verwenden*.

Das Mikrofon auf dem Mac

MacOS bietet zum Ausschalten des Mikrofons nur eine rudimentäre Unterstützung:

1 Klicken Sie auf den *Apfel* oben links am Bildschirmrand, dann auf *Systemeinstellungen*.

2 Klicken Sie in der oberen Symbolreihe auf *Sicherheit*.

3 Im ganz rechten Reiter finden Sie die Einstellungen zum *Datenschutz*.

4 Unter *Mikrofon* zeigt Ihnen macOS eine Liste der Apps an, die auf das Mikrofon zugreifen wollen. Deaktivieren Sie die, die das aus Ihrer Sicht nicht müssen.

Die härtere Variante ist das Löschen des Treibers für das Mikrofon. Das sorgt dafür, dass macOS die Hardware nicht mehr erkennt und damit auf das Mikrofon schon systemseitig nicht zugreifen kann. Diese Holzhammermethode empfiehlt sich nur, wenn Sie absolut sichergehen wollen, dass niemand mithören kann. Im Internet finden Sie dazu diverse Anleitungen.
Wenn Sie das Mikrofon nicht ausstellen, aber seine Nutzung besser im Blick behalten wollen, kann Ihnen die App OverSight helfen (siehe Infokasten auf S. 79).

Deaktivieren von Siri

Sprachassistenten sind eine tolle Sache, nur sind sie ziemlich neugierig. Auch Apples Siri ist hier keine Ausnahme: Sie ist im Standard aktiviert und kann genutzt werden, um per Sprache Informationen anzufordern. Apple sieht Siri nicht als klassische App und führt sie folglich nicht bei den Apps mit Mikrofonzugriff auf. Trotzdem können Sie sie deaktivieren:

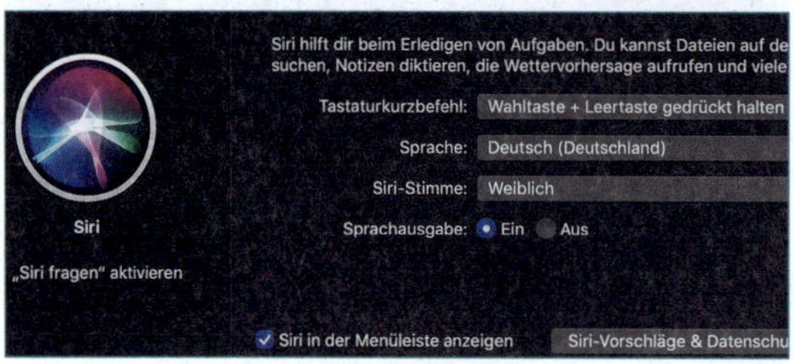

1 Klicken Sie auf den *Apfel* oben links am Bildschirmrand, dann auf *Systemeinstellungen*.

2 Klicken Sie weiter unten auf *Siri*.

3 Schalten Sie *„Siri fragen" aktivieren* aus.

Die Kamera

Vermeintlich am unproblematischsten bei einem PC oder Mac ist die Kamera. Schließlich hat sie eine kleine LED, die immer dann angeht, wenn ein Programm darauf zugreift. Allerdings gibt es leider

Schadsoftware, die die LED-Steuerung übernehmen kann. Dadurch ist es durchaus möglich, heimlich Aufnahmen zu machen.
Bei Windows-PCs sind im Monitor oder dem Display beim Notebook/Tablet übrigens oft gleich zwei Kameras eingebaut: die eine ist für die normale Bildaufnahme während der Kommunikation zuständig, beispielsweise bei einem Videotelefonat, die andere ist eine Infrarotkamera, mit der über Windows Hello ein dreidimensionales Modell Ihres Gesichts aufgenommen und bei der Anmeldung mit dem gespeicherten Gesicht abgeglichen wird.

Die einfachste Möglichkeit: Kamera abkleben

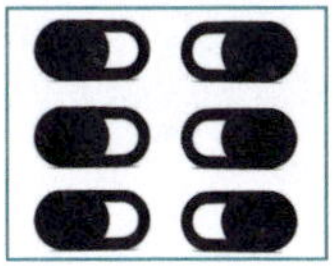

Anders als beim Mikrofon ist es gar keine schlechte Idee, die Kamera zu überkleben. Sie ist in den allermeisten Fällen plan in den Bildschirm eingelassen und lässt sich mit einer Klammer oder einem Klebepunkt wunderbar abdecken. Im Internet bekommen Sie sogar Aufkleber, mit denen Sie die Linse mit einem Schiebemechanismus versehen können. Damit müssen Sie den Aufkleber bei Nutzung der Kamera nicht immer entfernen, sondern können bei Bedarf die Abdeckung einfach zur Seite schieben.

Ausschalten der Kamera bei Windows

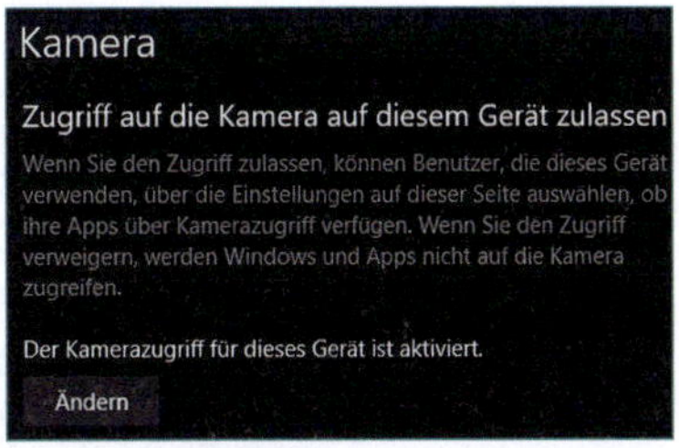

Unabhängig davon können Sie die Kamera auch über die Windows-Einstellungen deaktivieren. Das geht mit wenigen Klicks:

1 Die Einstellungen zur Kameranutzung finden Sie in Windows 11 unter *Einstellungen*, *Datenschutz*, *Kamera*.

2 Direkt oben auf der Seite zeigt Ihnen Windows an, ob der Zugriff auf die Kamera des Geräts überhaupt zugelassen ist oder nicht.

3 Wenn Sie die Aufnahme von Bildern über die Kamera deaktivieren wollen, dann klicken Sie auf *Ändern* und stellen Sie den Schalter auf *Aus*.

4 Wenn Sie nur Apps die Bildaufnahme verbieten wollen, dann deaktivieren Sie das unter *Zulassen, dass Apps auf Ihre Kamera zugreifen*.

Filtern der Apps, die die Kamera nutzen können

Auch bei der Kamera haben Sie die Möglichkeit, gezielt die Apps auszuwählen, denen Sie den Zugriff erlauben. So können Sie die Kamera wie gewünscht und kontrolliert verwenden. Wenn Sie so vorgehen, ist die Kamera für Windows verfügbar, Apps können die Kamera aber nur mit Ihrer Freigabe verwenden.
Unter *Auswählen, welche Apps auf die Kamera zugreifen können* finden Sie eine Liste aller Apps, die zusehen möchten. Für jede einzelne App können Sie dann den Kamerazugriff aktivieren oder deaktivieren. Auch hier bietet es sich wieder an, alle Apps zu deaktivieren, die Sie in der Regel nicht verwenden oder für deren Nutzung Sie die Kamerafunktion nicht benötigen. Die Facebook-App braucht beispielsweise keine Kamera, wenn Sie auf Facebook keine Videochats durchführen.

Die Kamera auf dem Mac

Auch der iMac oder das MacBook haben eine integrierte Kamera. Diese lässt sich mit Bordmitteln nicht komplett ausschalten. Wenn Sie das möchten, dann müssen Sie sie auf die harte Tour durch Deinstallation der Treiber deaktivieren. Alternativ können Sie die Kamera auch einfach abkleben. Darüber hinaus können Sie die Kamera für bestimmte Apps ausschalten:

1 Klicken Sie auf den *Apfel* oben links am Bildschirmrand, dann auf *Systemeinstellungen*.

2 Klicken Sie in der oberen Symbolreihe auf *Sicherheit*.

3 Im ganz rechten Reiter finden Sie *Datenschutz*.

4 Unter *Kamera* zeigt Ihnen macOS eine Liste der Apps an, die auf die Kamera zugreifen wollen. Deaktivieren Sie die, die das aus Ihrer Sicht nicht müssen.

Info

Eine App für mehr Kontrolle beim Mac: Wenn Sie mehr Kontrolle darüber haben möchten, welche App gerade auf die Kamera und/oder das Mikrofon zugreift, dann bietet sich die Freeware OverSight an. Einmal installiert, zeigt sie Ihnen jedes Mal durch ein Pop-up-Fenster an, wenn ein Zugriff auf die Kamera oder das Mikrofon stattfindet. Diesen können Sie dann unterbrechen oder eine Regel einrichten, sodass er zukünftig immer zugelassen wird.

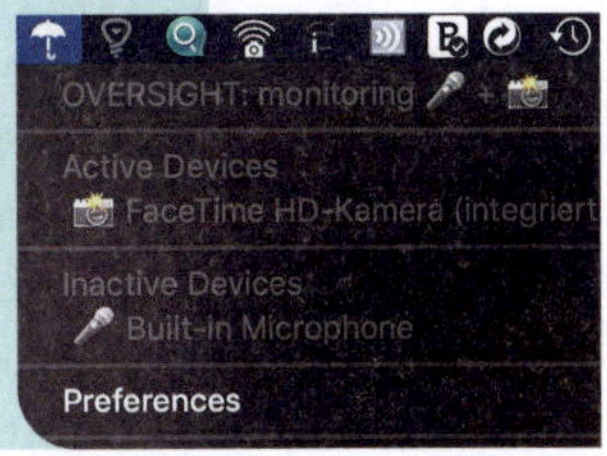

Der „Porno-Virus"

Wo sich Angst und Unsicherheit breitmachen, da finden sich auch schnell Bösewichte, die das Ganze ausnutzen wollen. In diesem Zusammenhang besonders beliebt ist eine Erpressungsmasche, bei der Hacker angeblich Ihre Webcam übernommen haben und Sie beim Anschauen schlüpfriger Filmchen im Internet gefilmt haben. Peinlich, dabei beobachtet zu werden und den filmischen Beweis dann vielleicht auf einer öffentlichen Plattform wie YouTube sehen zu müssen! Mit genau dieser Angst spielen die Erpresser: Sie bekommen eine E-Mail, in der genau dieses Szenario beschrieben wird. Großzügig bietet Ihnen der Absender an, gegen einen gewissen Betrag auf die Veröffentlichung der Aufnahmen zu verzichten. Die Masche ist bekannt, und die Polizei empfiehlt, nicht darauf einzugehen. Die Zahlung soll per Bitcoin erfolgen, das Geld ist danach unwiederbringlich verloren. Und da die E-Mail-Adressen Einmaladressen sind, ist auch eine Rückverfolgung sehr schwierig. Wenn Sie einen aktuellen Virenschutz installiert haben, dann ist es extrem unwahrscheinlich,

dass ein solcher Einbruch in Ihre Privatsphäre tatsächlich stattgefunden hat.
Die Steigerungsform funktioniert ähnlich: Um der Forderung höheres Gewicht zu verleihen, gibt der Absender zusätzlich Ihr Passwort an, mittels dessen er die Kontrolle über Ihren Rechner übernommen hat. In den meisten Fällen ist es ein altes, schon sehr lange verwendetes Passwort. Der Trick – der auf den ersten Blick für Schweißausbrüche sorgt – ist simpel: Ihre E-Mail-Adresse, die auf dem Mac und PC ja meist der Name des Anmeldekontos ist, war von einem der großen Leaks betroffen (siehe S. 12). Für wenig Geld bekommt man im Internet Datenbanken, die Millionen Kombinationen von E-Mail-Adresse und Passwort enthalten. Die Käufer schicken gern E-Mails an diese Adressen und behaupten, das Konto gehackt zu haben. Den vermeintlichen Beweis erbringen sie mit dem Passwort, das sie zusammen mit der Adresse gekauft haben.

Datensparsamkeit: Weniger ist mehr

Sie können sich noch so gut gegen Eindringlinge schützen, durch kontinuierlich aktualisierten Virenschutz, eine Firewall, gut gewählte Passwörter – der beste Schutz Ihrer Anonymität ist und bleibt, einfach möglichst wenig Daten gespeichert zu haben. Schon in den Anfängen des Datenschutzes war das Prinzip der „Datenvermeidung und Datensparsamkeit“ verankert: Machen Sie sich Gedanken, welche Daten Sie wirklich speichern und verfügbar vorhalten müssen.
Wenn Sie schon mehrfach umgezogen sind, dann kennen Sie diese Bumerang-Kartons, die Sie ungeöffnet über diverse Stationen ver-

folgen. Die empfohlene Lösung: Bei jedem Umzug kleben Sie auf die Kartons einen Zettel mit dem Datum, an dem er gepackt wurde. Wenn Sie dann ein Jahr lang nicht das Bedürfnis hatten, diesen Karton zu öffnen, werfen Sie ihn ungesehen weg. Genauso sollten Sie es mit Ihren Daten machen!

Entrümpeln – oder gar nicht erst speichern!

Gehen Sie regelmäßig auf Entrümpelungstour durch Ihre Bibliotheksverzeichnisse. Im Windows Explorer oder im macOS Finder lassen Sie sich die Dateien anzeigen und sortieren sie nach *Änderungsdatum* und *Aufsteigend*. Dann sehen Sie die Dateien vor sich, von der ältesten bis zur neuesten. Je länger eine Datei nicht verändert wurde, desto eher können Sie sie löschen.

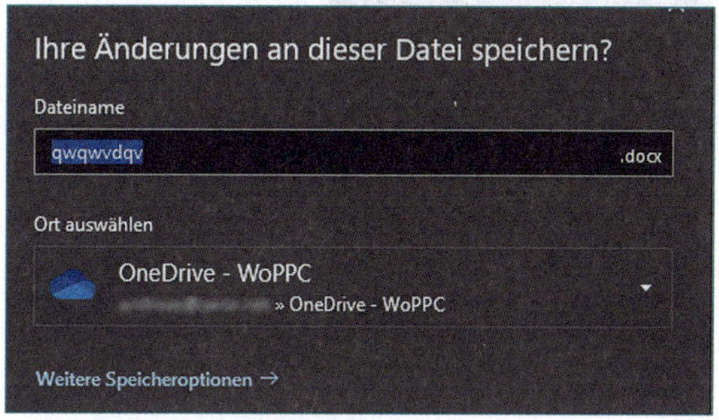

In vielen Fällen ist es aber gar nicht notwendig, ein Dokument überhaupt zu speichern. Sie entscheiden selbst, ob Sie nach dem Druck oder dem Versenden eines Dokuments eine Datei daraus erzeugen oder nicht. Widerstehen Sie bei einmalig verwendeten Daten dem natürlichen Drang des Speicherns und schicken Sie die Daten einfach sofort ins elektronische Nirvana!

Nutzen von Dokumentvorlagen

Wenn Sie bestimmte Dokumente immer wieder erstellen, beispielsweise Einladungen oder Geburtstagskarten, dann speichern Sie nicht die ausgefüllte Datei ab, sondern eine leere Hülle. Die Office-Programme erlauben das Anlegen von sogenannten Dokumentvorlagen. In die packen Sie alle Elemente, die gleichbleiben: Formularfelder (wie Datum, Uhrzeit, Ort und Anlass der Einladung), Bilder, Tabellen, was auch immer. Dann können Sie die leere

Vorlage immer wieder öffnen und mit neuem Leben füllen. Die Daten, die Aufschluss über Ihre Termine oder Vorlieben geben, sind aber nur kurzfristig auf Ihrem Rechner gespeichert. Darauf zugreifen kann später niemand mehr.

Die automatische Speicherbereinigung

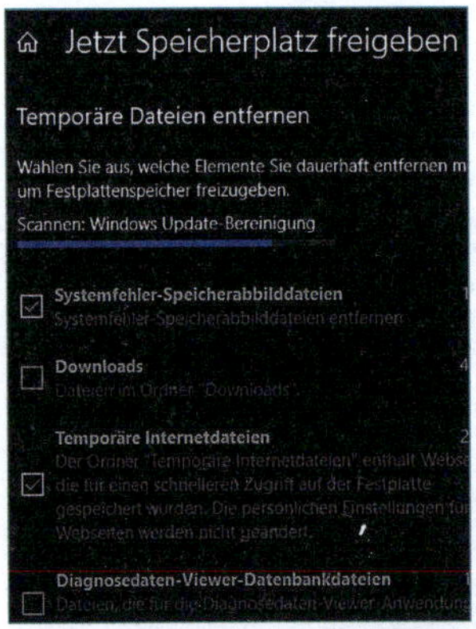

Auf Ihrem PC befinden sich Hunderte von Dateien, die Sie irgendwann einmal erzeugt haben. Windows kann in den wenigsten Fällen selbstständig beurteilen, welche davon überflüssig sind und welche nicht. Vor allem drei Bereiche, die Sie meist nicht beachten, beinhalten alle möglichen Daten, die gelöscht werden können: die Downloads, die temporären Dateien und der Papierkorb. Normalerweise müssen Sie diese Daten manuell löschen, Windows bietet aber einen versteckten Automatismus. Die Speicheroptimierung erreichen Sie unter *Einstellungen*, *System*, *Speicher*.

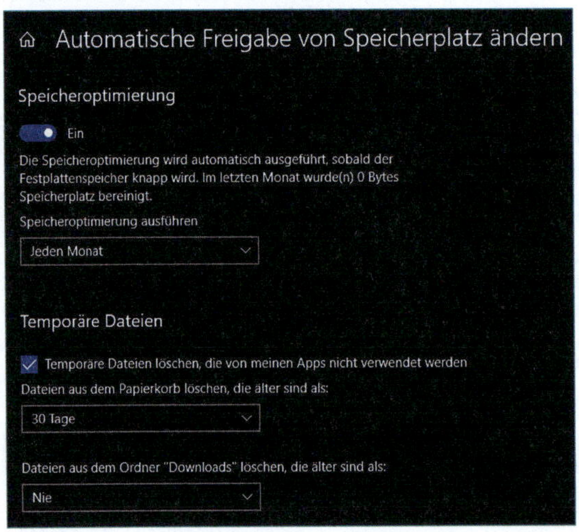

Windows zeigt Ihnen nun eine Übersicht über die Laufwerke auf Ihrem PC an. Wenn Sie eines der Laufwerke anklicken, dann sehen Sie die Aufteilung der verschiedenen Datenarten auf dem Datenträger.

1 Für die automatische Löschung aktivieren Sie *Speicheroptimierung* und konfigurieren Sie diese durch einen Klick auf *Automatische Freigabe von Speicherplatz ändern*.

2 Setzen Sie die Häufigkeit unter *Speicheroptimierung ausfüh-*

ren auf *Jede Woche* (oder *Täglich*, wenn Sie schnell auf Daten verzichten können).

3 Aktivieren Sie das Löschen der temporären Dateien und das Löschen der Dateien aus dem Downloads-Ordner. Bei beiden können Sie festlegen, wie alt die Dateien mindestens sein sollen.

4 Wenn Sie die Bereinigung manuell direkt durchführen wollen, klicken Sie auf *Jetzt bereinigen*.

Diese automatische Löschung hat nicht nur den Vorteil, dass automatisch weniger Dateien auf Ihrem Rechner abgegriffen werden können. Sie sparen auch wertvollen Speicherplatz!

Datenschutzeinstellungen kontrollieren

Spätestens seit der EU-Datenschutz-Grundverordnung (DSGVO) 2018 ist Datenschutz in aller Munde, und tatsächlich ist das Recht auf informationelle Selbstbestimmung, eines der Grundprinzipien des Datenschutzes, aktueller denn je. Sie sollen selbst entscheiden können, welche Ihrer Daten andere haben und was diese damit tun. Dieses Recht soll vor allem verhindern, dass Sie als Anwender „gläsern" werden. Sicher haben alle möglichen Stellen Daten von Ihnen gespeichert, und das mit Fug und Recht. Doch diese Datentöpfe sind voneinander getrennt, jeder sieht nur die Daten, die er erhoben hat und mit denen er arbeiten muss.
Was würde passieren, wenn alle Datentöpfe zusammengeworfen würden? Die Verknüpfung von Daten miteinander gibt demjenigen, der darauf zugreifen kann, eine unendliche Menge von Möglichkeiten – auch des Missbrauchs. Das zu verhindern ist Aufgabe

des Datenschutzes. Sie selbst können dazu beitragen, indem Sie von den Datenschutzeinstellungen, die Ihnen zur Verfügung stehen, Gebrauch machen.

Datenschutzeinstellungen bei Windows 11

Windows 11 bietet deutlich mehr Einstellungen, die Einfluss auf die Daten nehmen, die Ihr Rechner in die Cloud übermittelt, als vorherige Windows-Versionen. Wenn Sie Sorge haben, dass Sie zu transparent werden könnten, dann sehen Sie sich unter *Einstellungen*, *Datenschutz*, *Windows-Berechtigungen* die folgenden Einstellungen an und entscheiden Sie, welche Funktionen Sie nutzen möchten:

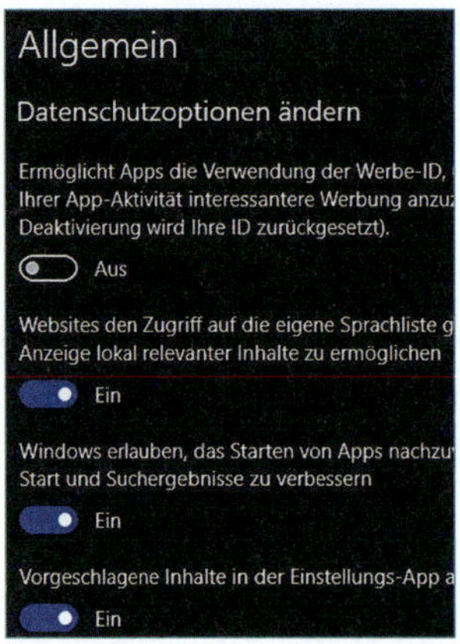

Unter *Allgemein* können Sie festlegen, inwieweit Ihre Aktivitäten nachverfolgt werden dürfen. Die Werbe-ID ist dafür da, dass kostenlose Apps, die sich über Werbung finanzieren, für Sie „passende" Anzeigen verwenden. Diese Option lässt sich ohne Probleme abschalten, sie stellt aber auch kein großes Risiko dar, wenn sie aktiviert ist. Auch der Zugriff auf die Sprachliste ist ungefährlich. Er dient nur der Anzeige relevanter Inhalte, die für Ihre verwendeten Sprachen verfügbar sind.

Die *Spracherkennung* ist da schon interessanter: Wenn sie aktiviert ist, dann werden Spracheingaben an die Cloud, also an einen Server im Internet, gesendet. Das erhöht die Qualität der Spracherkennung, es ist also ein Vorteil. Dennoch bedeutet es auch, dass persönliche Daten Ihren Rechner verlassen. Wenn Sie diese Funktion jedoch deaktivieren, dann können Sie weder die Windows-10-Sprachassistentin Cortana noch einen anderen cloudbasierten Spracherkennungsdienst nutzen.

Freihand- und Eingabeanpassung bezieht sich auf den Fall, dass Sie ein Gerät mit einem Stift verwenden. Damit Windows 11 Ihre Handschrift kennenlernen kann, wird ein Benutzerwörterbuch angelegt, das Ihre Freihandeingaben und die gegebenenfalls korrigierten

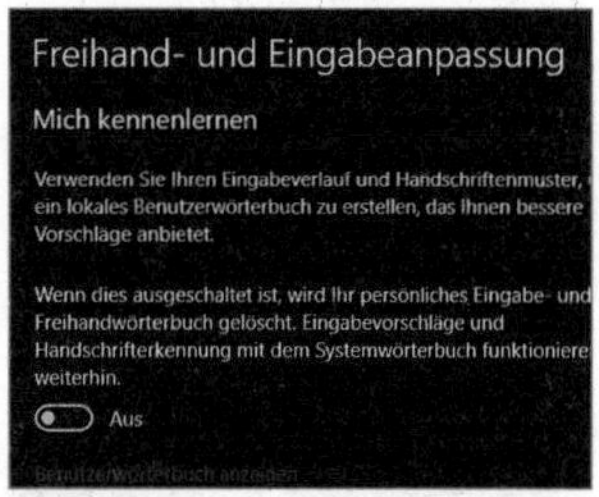

Umsetzungen enthält. Ebenfalls werden darin alle Eingaben, die Sie dem normalen Benutzerwörterbuch hinzufügen, gespeichert. Das sorgt dafür, dass die Erkennung der Eingaben deutlich beschleunigt wird und Sie weniger korrigieren müssen. Auf der anderen Seite enthält diese Datenbank ganz viele spezifische Begriffe, die auf Ihre Vorlieben und Interessen schließen lassen. Wenn Sie die Freihand- und Eingabeanpassung ausschalten, dann werden all diese Daten gelöscht und Sie haben nur noch die System-Wörterbücher zur Verfügung. Ihre Entscheidung!

Diagnose und Feedback

Windows 11 sammelt eine riesige Menge an Informationen, während Sie das Betriebssystem und Apps und Programme nutzen. Der Zweck dahinter ist weniger das Ausspionieren, sondern das Sicherstellen einer möglichst hohen Qualität von Windows bei den verschiedensten Kombinationen von Hardware, Software und Einstellungen. Denn auch wenn neue Windows-Versionen ausführlich getestet werden, ist es schlicht unmöglich, jeden erdenklichen Anwendungsfall vorab durchzuspielen. Stattdessen werden entsprechende Daten anonym gesammelt. Allerdings besteht prinzipiell durchaus die Möglichkeit, die Daten über Umwege dem sendenden Rechner zuzuordnen.

Je mehr Daten Windows von Ihrem Rechner sammeln kann, desto umfassender wird der Überblick über auftretende Fehler und deren Rahmenbedingungen. So kann Microsoft gezielt Updates entwickeln, die diese Fehler schnellstmöglich beseitigen.

Von Version zu Version hat sich Microsoft mehr auf diese unfreiwillige Mitwirkung der Benutzer verlassen. Viele Schalter, mit denen Sie Einfluss nehmen konnten, sind daher mittlerweile verschwunden. Was bleibt, ist die Wahl zwischen der Standard-Übermittlung von Diagnosedaten, bei der nur Informationen über Ihr

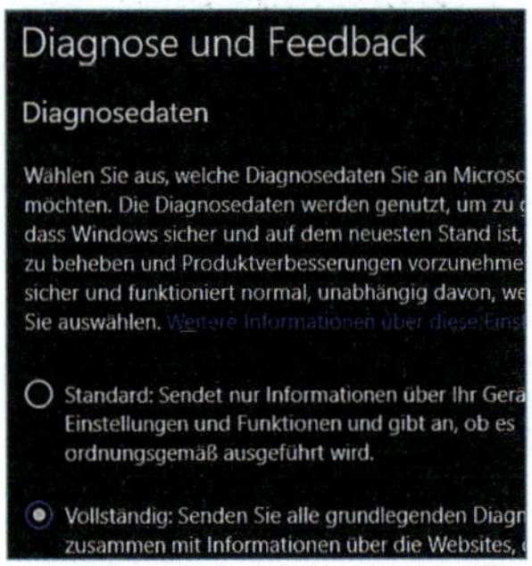

Gerät, die Einstellungen und Funktionen und mögliche Fehler übertragen werden, und der vollständigen Übertragung, die noch viel mehr Informationen umfasst, zum Beispiel zu besuchten Webseiten, zur Verwendung von Apps und Windows-Funktionen, zu Geräteaktivitäten und vielem mehr.

Sie müssen einmal mehr entscheiden, wie anonym Sie sein wollen, wenn auch unter einem anderen Blickwinkel: Wollen Sie der Allgemeinheit helfen? Dann übertragen Sie vollständige Informationen. Wollen Sie wenig von Ihrer Windows-Nutzung preisgeben? Dann ist die Standard-Übertragung die richtige Einstellung.

Wollen Sie auch die nicht? Dann schalten Sie den Dienst, der diese Daten sammelt, einfach aus:

1 Starten Sie den Task-Manager, indem Sie *Strg*, *Alt* und *Entf* drücken und dann auf *Task-Manager* klicken.

2 Klicken Sie auf die Registerkarte *Dienste* und unten auf *Dienste öffnen*.

3 Rollen Sie in der Liste zu *Benutzererfahrung und Telemetrie im verbundenen Modus* und klicken Sie doppelt auf diesen Eintrag.

4 Klicken Sie auf *Starttyp* und wählen Sie *Deaktiviert*.

5 Nach einem Klick auf *OK* und einem Neustart des Rechners sendet dieser keine Telemetriedaten an Microsoft.

Gruppenrichtlinien (GPO)

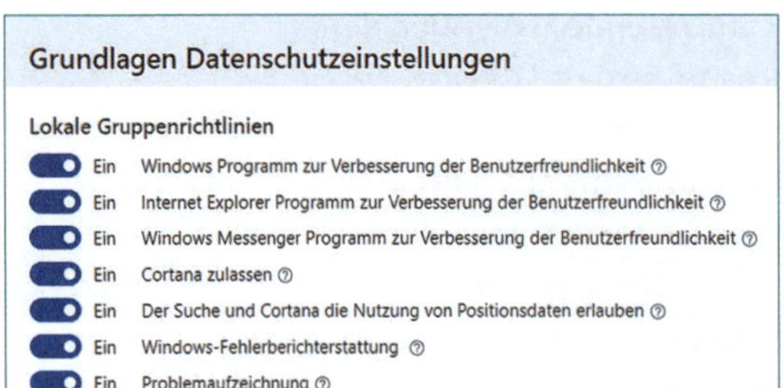

Microsoft hat viele der Datenschutzeinstellungen in die sogenannten Gruppenrichtlinien (GPO) verschoben. Diese können von Administratoren verwaltet und auf PCs aktiviert werden – nichts, was Sie als normaler Anwender mal eben machen können. Allerdings gibt es mit WPD (Windows Privacy Dashboard) eine Freeware, mit der Sie einzelne Datensammler ausschalten können. Die einzelnen Optionen sind vielleicht nicht auf den ersten Blick verständlich, aber dafür gibt es ein kleines Fragezeichen rechts vom jeweiligen Namen. Klicken Sie darauf, um eine kurze Erklärung zu sehen, was die jeweilige Gruppenrichtlinie macht. Das Deaktivieren geht dann mit einem einzigen Klick.

Datenschutzeinstellungen auf dem Mac

Die Einstellungen, die sich bei Windows gut konfigurieren lassen, sind auf dem Mac deutlich schlanker gefasst. Sie erreichen sie wie folgt:

1 Klicken Sie auf den *Apfel* oben links am Bildschirmrand, dann auf *Systemeinstellungen*.

2 Klicken Sie in der oberen Symbolreihe auf *Sicherheit*.

3 Im ganz rechten Reiter finden Sie die Einstellungen zum *Datenschutz*.

Neben den bereits beschriebenen Funktionen gibt es hier in der Liste noch zwei Einstellungen, die Sie sich ansehen sollten:

- **Werbung:** Unter *Werbung* können Sie das Ad-Tracking ausschalten. Damit erhalten Sie keine personalisierte Werbung mehr. Nach einem Klick auf *Anzeigeninfos anzeigen* können Sie kontrollieren, welche Informationen für Werbetreibende vorhanden sind, und diese sogar teilweise anpassen.
- **Analyse:** Wenn Sie in der Liste stattdessen auf *Analyse* klicken, dann können Sie festlegen, ob Sie Daten zu Ihrem Mac und Daten zur Nutzung Ihres iCloud-Kontos teilen möchten.

Die Deaktivierung dieser Einstellungen hat keine Einschränkung der Nutzung Ihres Macs zur Folge, ist also risikolos.

Anonymer surfen

Viele der Dienste im Internet können Sie nur nutzen, wenn Sie sich zu erkennen geben. Durch Cookies und Benutzerkonten wird das Surfen komfortabler. Einmal mehr gilt es abzuwägen: Es gibt Einstellungen, die Sie weniger identifizierbar machen, aber auch weniger Service bieten. Andere Vorsichtsmaßnahmen verlangen vor allem etwas Aufmerksamkeit oder Zeit. Wenn Ihnen Ihre Anonymität wichtig ist, sollten Sie sich damit befassen.

Augen auf im Internet

Otto Normalnutzer verwendet den größten Teil seiner Rechnerzeit für das Surfen im Internet. Das Sammeln von Informationen, Einkaufen, Kommunikation, all diese Funktionen verbinden Ihren Rechner mit der Welt draußen. Das bedingt natürlich eine Menge an übertragenen Daten. Viele davon sind personenbezogen, enthalten kritische und schützenswerte Informationen, die Sie für sich behalten möchten.

Das Internet ist öffentlicher Raum

Das Internet ist quasi schon durch seine Architektur öffentlicher Raum. Wenn Sie Informationen auf einer Webseite eingeben, dann werden diese von Ihrem Rechner aus über unterschiedliche Knotenpunkte übertragen, bis sie beim Zielrechner, dem Betreiber der Webseite, ankommen. Prinzipiell können diese Informationen auf dem Weg an verschiedenen Stellen mitgelesen werden.

Schon die Tatsache, dass Sie eine Webseite aufrufen, kann ausreichen, um Sie zu identifizieren: Über sogenannte IP-Adressen wird ermittelt, wohin die Daten übertragen werden sollen und woher sie kommen. Die Datenpakete im Internet werden also wie echte Pakete mit Ziel- und Absenderadresse versehen. Jede Webseite – so auch www.test.de – hat eine feste IP-Adresse, die einmal vergeben wird und damit eindeutig ist. Ihr privater Internetanschluss hat meistens keine feste IP-Adresse, sondern bekommt bei jedem Ver-

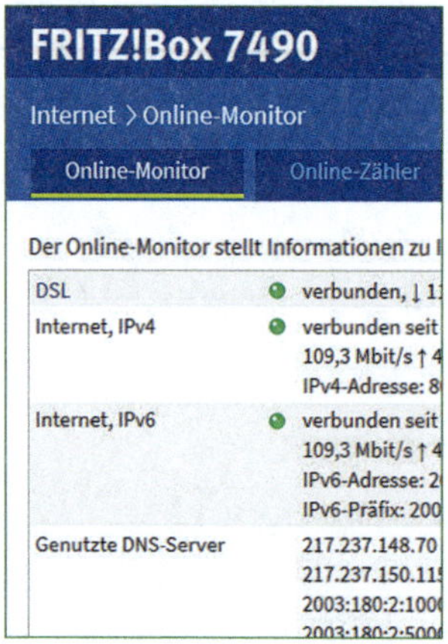

bindungsaufbau eine neue IP-Adresse zugewiesen (beispielsweise 80.130.176.236). Das geschieht für Sie vollkommen unsichtbar über Ihren Router.

Wenn Sie über den Browser eine Webseite aufrufen, dann geben Sie natürlich nicht die IP-Adresse ein (die Sie sich kaum merken könnten), sondern die sogenannte URL (den Uniform Resource Locator), im Beispiel www.test.de. Der Browser ruft dann den sogenannten DNS-Server (Domain Name System) auf und übergibt diese URL. Ein DNS-Server ist eine Art „Internet-Auskunft", die den Namen der Webseiten die zugehörigen IP-Adressen zuordnet.

Rufen Sie also die Seite der Stiftung Warentest auf, wird ein Datenpaket geschnürt, auf dem als Absender Ihre IP-Adresse steht (80.130.176.236) und als Empfänger die IP von www.test.de. Die aufgerufene Webseite empfängt das Paket und muss sich, um Ihre Anfrage zu erfüllen – das heißt, um Ihnen die Seite zu liefern, die Sie sehen wollen –, Ihre IP-Adresse merken. Diese wiederum ist rein technisch im Zusammenspiel mit dem Datum und der Uhrzeit des Aufrufs Ihrem Router zuzuweisen.

→ IP-Adressen sind nicht anonym

Auch wenn es gesetzliche Hürden gibt, die der Anfragende überwinden muss: Anonym ist anders. Unter bestimmten Umständen sind die Internetprovider verpflichtet, die Identität des Anschlussinhabers, der die IP-Adresse zu diesem Zeitpunkt zugewiesen bekommen hatte, herauszugeben.

Das Wissen um die Person, die bei Aufruf einer Webseite hinter einer IP-Adresse steht, ist natürlich erst einmal unkritisch. Erst, wenn andere Informationen hinzukommen, lässt sich daraus ein immer klarer werdendes Bild von Ihnen zusammensetzen. Je mehr Informationen Ihnen gar nicht erst zuzuordnen sind, desto besser!

Sicherheit ist nicht allein eine Frage der Technik

In diesem und den folgenden Kapiteln geht es darum, worauf Sie beim Surfen achten sollten und wie Sie Ihre Sichtbarkeit im Internet reduzieren können. Wie in so vielen Bereichen des Lebens gilt auch beim Surfen im Internet: Das Problem sitzt oft zwischen den Ohren. Sie können noch so viele technische Maßnahmen ergreifen, in vielen Fällen riskieren Sie selbst Ihre Anonymität durch zu großes Vertrauen.

Es gibt beispielsweise eine Vielzahl von Methoden, mit denen Webseiten Ihnen vorgaukeln, zur Internetpräsenz eines bekannten Anbieters zu gehören, mit dem Ziel, Sie dazu zu bringen, Ihre Zugangsdaten oder Zahlungsinformationen einzugeben. Dieses Vorgehen ist für Betrüger viel effizienter, als irgendwelche Angriffe direkt auf die Webseiten der jeweiligen Anbieter zu starten oder Datenbanken mit bereits veralteten Zugangsdaten im Internet zu kaufen. Der erste Schritt bei dieser Betrugsmasche ist häufig eine Phishing-E-Mail.

Wie funktioniert Phishing?

Ein E-Mail-Postfach zu haben ist Garant dafür, dass Sie eine Vielzahl schräger E-Mails bekommen. Da sind Aufforderungen, einer Generalswitwe bei der Ausfuhr von 45 Millionen US-Dollar aus Nigeria zu helfen und die Hälfte der Summe als Provision zu kassieren, noch die harmlosesten. Die sogenannten Phishing-E-Mails (Phishing ist ein Kunstwort aus „Password Harvesting" und „fishing") sind mittlerweile so ausgeklügelt, dass sie kaum noch als solche zu erkennen sind.

Sie erhalten eine E-Mail, die vermeintlich von einem großen Anbieter stammt. Das kann eine Bank sein, PayPal, die Telekom oder auch Amazon. Infrage kommen Anbieter, bei denen die Wahrscheinlichkeit hoch ist, dass viele Empfänger dort ein Konto haben. In dieser E-Mail finden Sie erschreckende Nachrichten: Ihr Konto wurde gehackt, „ungewöhnliche Aktivitäten" (mit anderen Worten

ein Einbruchsversuch) wurden festgestellt, ein teurer Einkauf wurde getätigt oder Ihr Konto wurde gesperrt.
Das psychologische Spiel mit der Angst kommt zum Einsatz, weil es Menschen dazu verleitet, schnell und damit unüberlegt zu reagieren. Um dies noch stärker zu unterstützen, finden Sie direkt in der E-Mail einen Link, auf den Sie nur noch klicken müssen, um das Problem sofort zu beheben. Sie gelangen dann (scheinbar) auf die Webseite des Anbieters und melden sich dort an.

→ Der Trick beim Phishing

Erst am Ende der Ereigniskette ist tatsächlich etwas passiert: Eine Phishing-E-Mail leitet Sie nicht auf die echte Anmeldeseite weiter, sondern auf eine täuschend echte Kopie. Wenn Sie dort Ihre Zugangsdaten eingeben, landen diese bei den Betrügern, denen die gefälschte Seite gehört.

Nachdem Sie Ihre Daten eingegeben haben, werden Sie oft sogar auf die echte Seite des Anbieters weitergeleitet, sodass Ihnen gar nichts auffällt. Jetzt haben die Betrüger Ihre Zugangsdaten und können mit Ihrem Konto tun und lassen, was sie möchten, wenn keine weiteren Schutzmaßnahmen eingerichtet sind. Und auch dann liegen viele Ihrer persönlichen Daten offen.

Welche Folgen kann Phishing haben?

Banken sind spätestens seit der neuen Zahlungsdiensterichtlinie PSD2 (Payment Services Directive2), das heißt seit dem 14. September 2019, dazu verpflichtet, zusätzlich zur Anmeldung auf der Onlinebanking-Webseite jede Transaktion durch eine neu generierte Transaktionsnummer (TAN) abzusichern. Die alte TAN-Liste, die früher zum Einsatz kam, ist nicht mehr zulässig. Meist wird die TAN, die Sie bei einer Transaktion eingeben müssen, per SMS verschickt oder sie lässt sich auf einem kleinen Code-Gerät ablesen. Damit lassen sich Transaktionen zwar absichern und das Risiko des Verlusts von Geld wird minimiert. Viele Banken lassen allerdings eine Anmeldung und den Zugriff auf den Kontostand immer noch ohne TAN zu – dazu reichen also die Daten aus, die Sie bei einer Phishing-Attacke verlieren würden.

Stellen Sie sich einmal vor, welche Informationen damit offen liegen: die Zahlung an einen Facharzt, Abbuchungen von verschiedenen, teilweise speziellen Händlern, Geldeingänge von Ämtern für Sozialleistungen, Kindergeld, Pflegegeld und vieles mehr. Teilweise kommen Betrüger auf diesem Weg sogar an Kundennummern, die wiederum missbraucht werden können.

Auch bei einem Onlinehändler ist das Ergebnis nicht besser: Vielleicht schützt Sie eine Zwei-Faktor-Authentifizierung davor, dass Betrüger neue Bestellungen auslösen, aber Ihre Bestellhistorie liegt dennoch für Fremde offen. Besonders bei Händlern mit einem universellen Angebot wie Amazon ist das eine ergiebige Informationsquelle: Bücher geben Aufschluss über Interessen, aber beispielsweise auch über Krankheiten. Die regelmäßige Rum-Bestellung lässt Alkoholismus vermuten, die erste Windelbestellung eine Schwangerschaft und vieles mehr.

Wie schützt man sich vor Phishing?

Im Falle des Phishings sind es weniger die technischen Hilfsmittel wie Virenscanner oder Firewalls, die Ihre Daten schützen, sondern Selbstbeherrschung: Wenn Sie eine verdächtigte E-Mail bekommen, dann unterdrücken Sie die aufkommende Panik und führen Sie einige wenige Schritte durch:

- **Warnmeldungen beachten:** Die meisten Phishing-E-Mails werden von Ihrem E-Mail-Programm als verdächtig eingestuft: Achten Sie auf Meldungen über dem Inhaltsbereich der E-Mail.

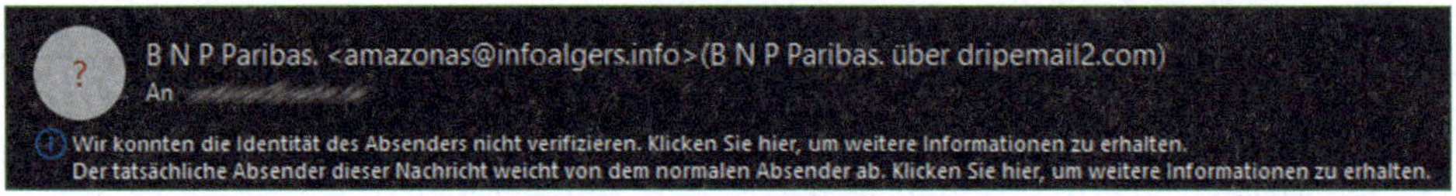

Microsoft Outlook beispielsweise zeigt Ihnen Infofelder mit weiterführenden Links an. Dort wird Ihnen genau erläutert, warum die Mail als kritisch eingeordnet wird.

- **Anbieterseite manuell aufrufen:** Wenn Sie tatsächlich ein Konto bei dem Anbieter haben, klicken Sie nicht auf den Link in der E-Mail. Öffnen Sie auch keinen Anhang (der Malware enthalten könnte). Rufen Sie stattdessen manuell die Seite des Anbieters auf und melden sich dort an Ihrem Konto an. Auf diese Weise bestimmt nicht der Absender der E-Mail, welche Internetseite Sie aufrufen, sondern Sie selbst. Sie gelangen gar nicht erst auf die gefälschte Seite. Kontrollieren Sie dann das Konto beim Anbieter, prüfen Sie, ob dort alles in Ordnung ist. Wenn Sie immer noch unsicher sind, rufen Sie den Kundenservice des Anbieters an.
- **Internetadresse vergleichen:** Sind Sie sich nicht sicher , ob Sie überhaupt ein Konto bei dem Anbieter haben, gilt ebenfalls: Klicken Sie nicht auf den Link, um verschiedene Benutzernamen und Passwörter auszuprobieren! Diese werden gleich abgegriffen und passen vielleicht zu einem Ihrer Konten bei anderen Anbietern. Stattdessen klicken Sie in der E-Mail mit der rechten Maustaste auf den Link und dann auf *Hyperlink kopieren*. Fügen Sie den Link in den Editor von Windows ein. Vergleichen Sie die Internetadresse, die Ihnen angezeigt wird, mit der des echten Anbieters, die Sie online finden. Auch wenn die Adressen auf den ersten Blick ähnlich aussehen sollten, werden Sie bei einer Phishing-E-Mail signifikante Unterschiede erkennen.

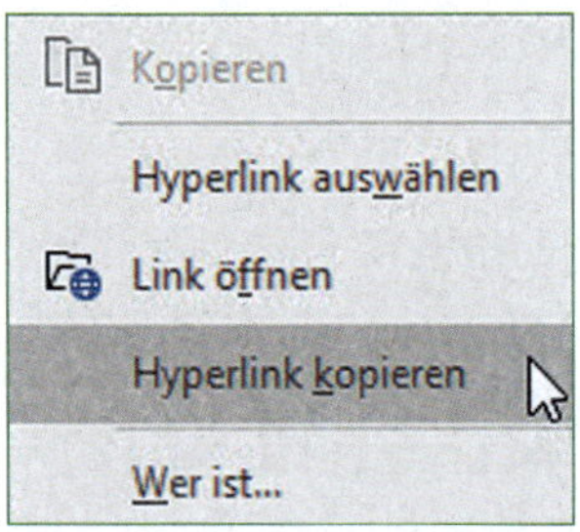

- **Wenn es passiert ist:** Haben Sie den Verdacht, auf eine Phishing-Mail hereingefallen zu sein, sollten sie sofort Ihre Passwörter ändern! Mehr zum Thema kostenlos unter: test.de/Phishing.

Die Fake-Webseite

Ist es nicht herrlich? Sie bekommen das neueste iPhone für nur 500 Euro statt für über 1 000 Euro! Und es sind nur noch fünf Stück da, also schnell! Zuschlagen, kaufen! Solche Angebote finden Sie im Netz zuhauf, ob in der Facebook Timeline, in E-Mails oder als eingeblendete Werbung auf Webseiten.

Natürlich gibt es auch echte Schnäppchen, aber die Wahrscheinlichkeit, dass derart günstige Angebote echt sind, ist gering. Das Risiko, keine Ware zu bekommen, ist dagegen relativ hoch. Hinzu kommt das Risiko für Ihre Daten: Für eine Bestellung müssen Sie Ihre persönlichen Daten eingeben. Eine Einmal-E-Mail-Adresse (siehe S. 100) hilft hier nur bedingt, da Sie für den Versand auch Ihre Postanschrift angeben müssen. Zusätzlich möchte der angebliche Händler auch irgendwie an sein Geld kommen. Im schlimmsten Fall hinterlegen Sie eine Bankverbindung, im immer noch ungünstigen Fall eine PayPal-Adresse. All diese Informationen können schnell missbraucht werden.

Um Ihre Daten zu schützen, sollten Sie vor einer Bestellung zunächst folgende Punkte überprüfen:

- **URL der Webseite:** Bei gefälschten Seiten, die denen bekannter Anbieter ähneln, unterscheidet sich die URL von der des echten Anbieters. Apple.de ist etwas anderes als Apple.cheapsalez.com! Im Zweifel suchen Sie nach dem Anbieter und rufen dessen Webseite direkt auf, statt einem dubiosen Link zu folgen.
- **Zertifikat:** Kontrollieren Sie die Identität der Webseite: Händler und Anbieter, die auf Datenschutz und Sicherheit Wert legen, haben ihre Webseite mit einem Zertifikat versehen. Klicken Sie auf das kleine Schloss links von der Internetadresse im Browser, dann bekommen Sie angezeigt, welches Zertifikat die Seite verwendet. Hat eine Webseite kein Zertifikat, ist es abgelaufen oder ungültig, dann seien Sie skeptisch.

- **Pflichtangaben prüfen:** Lassen Sie sich die Kontaktmöglichkeiten, das Impressum und die Datenschutzbedingungen anzeigen. Diese finden Sie normalerweise auf der Startseite ganz oben in der Kopf- oder ganz unten in der Fußleiste. Sind sie nicht vorhanden, nichtssagend oder verdächtig, dann lassen Sie den Kauf besser sein.
- **Gütesiegel:** Viele verlässliche Webseiten verwenden Qualitätssiegel wie Trusted Shops, EHI und andere. Diese Gütesiegel sind meist auf der Seite deutlich sichtbar, schließlich ist man stolz auf die Auszeichnung. Wenn Sie auf eines der Siegel klicken, dann werden Sie normalerweise auf die Webseite des Siegelgebers weitergeleitet und können dort die Bewertung ansehen. Fake-Webseiten haben auch oft Gütesiegel, jedoch ohne Links. Oder der angebliche Shop ist auf der Webseite des Siegelgebers nicht zu finden. Auch das ist ein Zeichen, dass es hier nicht mit rechten Dingen zugeht.

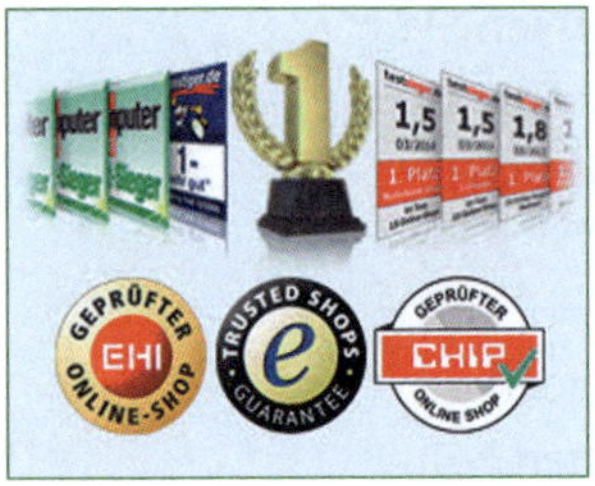

Der SmartScreen-Filter für Windows 11

Sie bewegen sich nicht allein im Internet, sondern mit Millionen anderen. Da kommt schon einiges an Informationen zusammen. Auch Sicherheitsexperten sammeln im Internet Informationen über verdächtige Webseiten, die Phishing-Angriffe durchführen oder Schadsoftware enthalten. Diese Informationen werden bei Microsoft zusammengeführt und stehen dem SmartScreen-Filter, der in Windows 11 integriert ist, zur Verfügung. Nutzen können Sie diesen allerdings nur, wenn Sie den Browser Microsoft Edge zum Surfen verwenden. Aktivieren Sie diesen, indem Sie im Suchfeld in der Taskleiste nach *SmartScreen* suchen und die *App- und Browsersteuerung* öffnen.

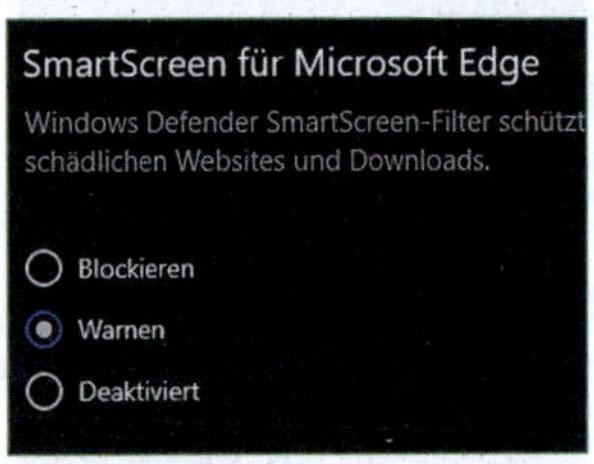

Unter *SmartScreen für Microsoft Edge* können Sie diesen Filter so einstellen, dass er Internetseiten blockiert oder Sie zumindest warnt, wenn Sie auf eine bekannte „böse“ Webseite kommen.

Wenn Sie die Warnung gewählt haben, dann können Sie die Seite immer noch aufrufen. Das sollten Sie aber nur tun, wenn Sie wissen, dass der Filter in diesem Fall falschliegt und die Seite sicher ist.

Vertrauen und gesunde Skepsis

Sie können sich mit den unterschiedlichsten technischen Maßnahmen schützen und so genau wie möglich aufpassen, doch es gibt keinen absoluten Schutz. Das Internet unterliegt so schneller Veränderung, dass beinahe täglich neue Risiken für Ihre Anonymität aufkommen. Das ist kein Grund, sich abzuschotten: Lassen Sie gesunden Menschenverstand walten. Wenn Ihnen jemand auf der Straße ein supergünstiges Angebot macht, dann sind Sie zurückhaltend. Wenn Sie jemand anruft und Ihnen ein Abonnement aufschwatzen will, dann erzählen Sie ihm nicht Ihre Lebensgeschichte. Genau diese gesunde Skepsis ist auch im Internet angebracht, und sie hilft Ihnen, möglichst wenige Risiken einzugehen.

Sichere Benutzerkonten

Wenn Sie die volle Funktionsvielfalt vieler Internetseiten nutzen wollen, dann geht das meist nur, indem Sie ein Konto anlegen. Das Konto hat unterschiedliche Aufgaben. An erster Stelle dient es Ihrer Identifikation.

Zugleich geht es bei Konten aber auch um einen rechtlichen Aspekt: Mittlerweile ist es für Werbetreibende Pflicht, von Privatpersonen die Einwilligung zum Erhalt von Werbung per E-Mail nachweisbar einzuholen. Dies geschieht beim Anlegen des Kontos. Kann der Anbieter diese Einwilligung nicht nachweisen und schickt dennoch Werbung, dann drohen ihm empfindliche Strafen.

Info

Sind Sie ein Mensch? Beim Anlegen eines Kontos werden Sie oft aufgefordert, spezielle Tests, sogenannte Captchas, durchzuführen. Das mag Ihnen lästig oder gar überflüssig erscheinen, es gibt dafür aber einen guten Grund: Im Internet existiert eine Unzahl von Botnetzen, die automatisiert Konten anlegen, um diese später zu missbrauchen. Der Betreiber der Webseite möchte daher vernünftigerweise sicherstellen, dass er es bei Ihnen mit einem echten Menschen zu tun hat.

Zu guter Letzt dient das Konto Ihnen selbst als Sammelpunkt für alle Einstellungen, bei Onlinehändlern der Nachvollziehbarkeit von Einkäufen, der Hinterlegung der Bankverbindung und der Interessen und Vorlieben. Alles in allem ist ein solches Konto also etwas Positives.

Leider geht damit auch ein Risiko einher: Aus Sicht der meisten Anbieter liegt es nahe, als Benutzernamen Ihre E-Mail-Adresse zu verlangen. Damit sparen Sie sich eine weitere Eingabe und können sich den Zugang leichter merken. Im Hinblick auf mögliche Datenlecks ist das allerdings heikel. Je kleiner der Betreiber der Internetseite, desto wahrscheinlicher sind seine Sicherungsmaßnahmen nicht die effektivsten. Ist dieser Anbieter von einem Datenleck betroffen, dann kommen Ihre persönlichen Daten in fremde Hände. Durch Ihre E-Mail-Adresse sind diese mit anderen Daten kombinierbar, das Bild von Ihnen wir immer detaillierter.

Verwendung einer anonymen E-Mail-Adresse

Das Risiko für Ihre Daten beim Anlegen eines Kontos im Internet können Sie verringern, indem Sie dafür nicht Ihre echte E-Mail-Adresse verwenden, sondern entweder eine anonyme oder gleich eine sogenannte Wegwerf-E-Mail-Adresse.

Ihre normale E-Mail-Adresse sollte Ihnen heilig sein. Vor allem dann, wenn Sie einen Webdienst wie Office 365, Gmail, iCloud und andere nutzen: Diese sind ja nicht nur E-Mail-Anbieter, sondern stellen Ihnen auch große Cloudspeicher, Termin- und Kontaktverwaltung und vieles mehr zur Verfügung. Ein Datenverlust dort würde folglich auch gleich eine große Menge persönlicher Daten betreffen.

Eine Möglichkeit besteht darin, neben diesem Hauptkonto ein weiteres E-Mail-Konto bei einem Webmail-Anbieter anzulegen. Das muss keiner der potenziell unsicheren Standardanbieter sein, es gibt auch Webmail-Anbieter, bei denen das Thema Datenschutz großgeschrieben wird – etwa der Berliner E-Mail-Anbieter Posteo oder aikQ Mail, ebenfalls ein deutscher Anbieter. Beide zeichnen sich vor allem dadurch aus, dass sie sehr wenige Informationen von Ihnen anfordern. Wenn Sie möchten, können Sie sich dort mit einem Pseudonym anmelden, sodass eine Identifikation nicht möglich ist. Auch die Bezahlung kann komplett anonym erfolgen, auf Wunsch sogar per Barbrief, der überhaupt keine elektronischen Spuren hinterlässt. Wichtig ist: Verwenden Sie auf jeden Fall ein sicheres Passwort, das Sie nicht bereits bei einem anderen Konto ebenfalls nutzen. Auf diese Weise erhalten Sie eine E-Mail-Adresse, die Sie ohne Risiko verwenden können. Denn selbst wenn diese Adresse öffentlich würde, kann damit niemand auf Ihre normalen E-Mails und Ihre anderen Konten zugreifen.

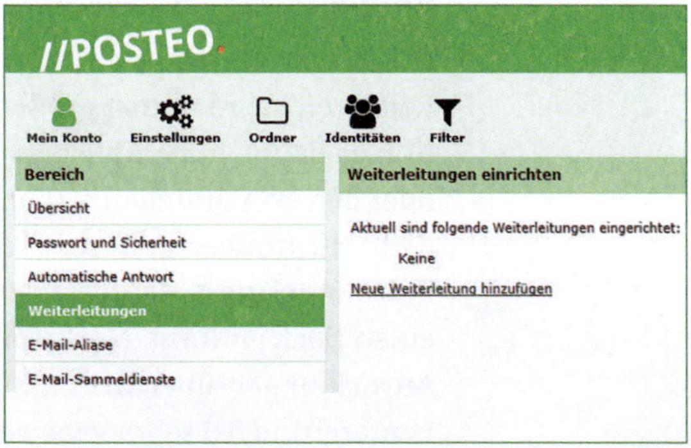

Nun möchten Sie sich sicherlich nicht jedes Mal auch noch an diesem Postfach anmelden, sondern die E-Mails, die in diesem zweiten Postfach eingehen, in Ihr Standard-Postfach zugestellt bekommen. Dazu können Sie

Weiterleitungsregeln einrichten. Am Beispiel von Posteo geht das wie folgt:

1 Melden Sie sich an Ihrem Postfach an.

2 Klicken Sie in der Symbolleiste ganz oben auf *Einstellungen*.

3 Wählen Sie links in der Liste der Optionen *Weiterleitungen*.

4 Geben Sie unter *Neue Weiterleitung* eine E-Mail-Adresse an, an die eingehende Mails automatisch weitergeleitet werden sollen.

5 Entfernen Sie den Haken neben *E-Mails weiterhin in eigenes Postfach zustellen*.

Damit wird jede eingehende E-Mail automatisch an Ihr angegebenes eigentliches Konto weitergeleitet und nicht bei Posteo gespeichert. Sollte jemand Zugriff auf Ihr Posteo-Konto bekommen, sieht er keine E-Mails. Da die Weiterleitung über interne Mechanismen läuft, tauchen die E-Mails auch nicht in unter „Gesendet" auf. Verwenden Sie diese E-Mail-Adresse für die Anmeldung bei Webdiensten, dann können Sie den vollen Funktionsumfang nutzen, mindern aber das Risiko, dass Ihre E-Mails gefährdet sind. Wenn Sie das Gefühl haben, dass vielleicht doch jemand Ihre Zweit-E-Mail-Adresse missbraucht, können Sie das Konto sofort schließen, ohne E-Mails zu verlieren: Die sind ja in Ihrem normalen E-Mail-Postfach gespeichert.

Verwendung von Wegwerf-E-Mail-Adressen

Durch das Internet wird die Welt immer kleiner, oder besser: Ihre Reichweite wird immer größer. Wer hätte vor der Internet-Revolution geglaubt, ohne Aufwand und vom Sofa aus Ware aus Fernost oder den USA bestellen zu können? Die Angebote wären meist gar nicht auffindbar gewesen, Zahlung und Bestellvorgang zudem hochkompliziert. Heute ist der Herkunftsort egal, die Ware ist nur einen Klick entfernt. Marketplaces, Schnäppchenplattformen und Abwicklungen über Drittanbieter führen aber dazu, dass Sie im Hintergrund bei sehr vielen verschiedenen Anbietern bestellen.

Info

Anonymität ist relativ: Absolute Anonymität werden Sie mit den hier beschriebenen Methoden nicht erreichen, aber Sie können die vorhandenen Daten und damit das Risiko minimieren. Selbst wenn Sie eine anonyme E-Mail-Adresse verwenden, sind Sie nicht vollkommen anonym: Der E-Mail-Server speichert unter anderem auch die IP-Adresse, von der die E-Mail versendet wurde. Die kann Ihr Internetanbieter für eine gewisse Zeit Ihrem Anschluss zuordnen. Unter bestimmten Voraussetzungen können die Behörden sich diese Zuordnung aushändigen lassen. Nach einem Beschluss des Bundesverfassungsgerichts müssen dies auch die „sicheren" E-Mail-Anbieter leisten können, auch wenn sie die IP-Adressen der Zugreifenden gar nicht aufzeichnen.

Gerade bei Anbietern, die nicht in der EU beheimatet sind, zählen Datenschutz und Werbeverbot meist wenig bis gar nichts, und so erhalten Sie schnell mehr und mehr Werbung in Ihrem normalen Postfach. Nun wäre es ja eine Option, eine falsche E-Mail-Adresse einzugeben, die gar nicht existiert. Das scheitert aber meistens daran, dass Sie nach der Anmeldung eine E-Mail an die angegebene Adresse geschickt bekommen, in der Sie durch Klick auf einen Link die Registrierung freischalten müssen.

Für einen solchen Fall sind Wegwerf- oder Einmal-E-Mail-Adressen eine tolle Sache. Diese zeichnen sich dadurch aus, dass sie nur eine gewisse Zeit gültig sind (meist zwischen 60 Minuten und 30 Tagen). In diesem Zeitraum können Sie diese Adresse verwenden. Nach der festgelegten Ablauffrist existieren diese Adresse und die im Postfach gespeicherten E-Mails nicht mehr. Einige Dienste, zum Beispiel EmailGo oder Tempr.email, bieten solche Einmal-E-Mail-Postfächer kostenlos an:

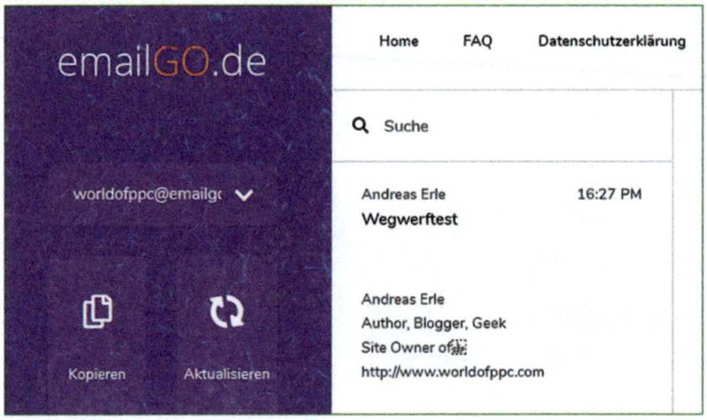

1 Legen Sie ein kostenloses Einmal-Postfach an. Sie können die E-Mail-Adresse selbst wählen oder dies der zufälligen Auswahl durch den Anbieter überlassen.

2 Lassen Sie das Einmal-Postfach offen. Rufen Sie in einem zweiten Browserfenster die Seite des Händlers auf, der ein Konto benötigt.

3 Geben Sie als Benutzernamen bzw. E-Mail-Adresse die soeben angelegte Einmal-E-Mail-Adresse ein.

4 Warten Sie auf die Registrierungs-E-Mail, die in dem Einmal-Postfach eingeht.

5 Klicken Sie auf den Link in der E-Mail, um die Registrierung abzuschließen.

6 Löschen Sie Ihr Einmal-Postfach entweder sofort oder legen Sie eine Ablauffrist fest, die Ihnen erlaubt, noch weiter über diese Adresse mit dem Händler Kontakt zu halten, bis die Ware da ist.

Wie viele Dinge im Internet ist das Verwenden eines Einmalpostfachs eine Vertrauensfrage. Dortige E-Mails sind, solange das Postfach existiert, auch für den Anbieter lesbar. Sie müssen sich darauf verlassen, dass dieser die E-Mails nicht liest und sie danach tatsächlich löscht. Es ist nicht empfehlenswert, über ein solches Postfach kritische oder vertrauliche E-Mails zu verschicken. Für die schnelle Registrierung aber bietet sich diese Lösung an.
Gerade im Umfeld mit KI-Anwendungen wie ChatGPT, Google Bard, Adobe FireFly und auch kleineren Programmen und Apps versuchen die Hersteller, Sie zum Test einzuladen. Einmal mehr ist das natürlich nicht ohne hohen Preis möglich: Meist sollen Sie sich mit Ihrem Google-Konto anmelden oder ein neues Konto beim Anbieter anlegen. Vermeiden Sie es, ein bereits vorhandenes Konto

zu nutzen: Alle Daten, die darin gespeichert sind, können potenziell von der KI verwendet werden. Legen Sie stattdessen ein neues Konto an, das Sie nur für diese Testzwecke verwenden.

Mittel gegen Tracking

Für nahezu alle Angebote im Internet ist es wichtig, dass der Anbieter Sie so gut wie möglich kennt. Teilweise finanzieren sich Gratisangebote über die Daten, die Sie – oft unbemerkt – hinterlassen. Auch für viele Onlinehändler ist Tracking ein wichtiger Bestandteil ihres Geschäfts: Je mehr sie über Sie wissen, desto gezielter können sie Ihnen gezielte Angebote machen und Sie zum Kauf von Dienstleistungen und Produkten bewegen. Sie als Besucher einer Webseite bringen eine Vielzahl von Informationen mit und hinterlassen eine Menge Spuren, die für den Betreiber hohen Wert haben:

- Welche Webseite haben Sie vorher besucht?
- Über welche Suchbegriffe haben Sie die Seite gefunden?
- Welche Unterseiten der aufgerufenen Seite rufen Sie auf?
- Auf welcher Seite verlassen Sie das Internetangebot?
- Wann und wie oft kommen Sie wieder auf die Webseite?

Die Herausforderung für Seitenbetreiber: allein über Ihre IP-Adresse sind Sie nicht dauerhaft identifizierbar. Bei Privatanschlüssen wechselt diese bei jedem Verbindungsaufbau, meist auch unabhängig davon nach 24 Stunden. Es bedarf also weiterer Mittel.

Cookies: Besser als ihr Ruf

Das Standardverfahren ist das Setzen von Cookies. Cookies sind eine Textinformation, die die aufgerufene Webseite an den Browser überträgt und die später wieder abrufbar ist. In den meisten Fällen sind Cookies für den Benutzer positiv: Ein Cookie identifiziert Sie als Benutzer, sodass Sie etwa beim erneuten Besuch die Produkte im Warenkorb vorfinden, die Sie beim letzten Mal dort hineingelegt haben. Enthält der Cookie sogar Ihr Benutzerkonto, kennt der Shop auch Ihre bisherigen Bestellungen und kann Ihnen Produkte zeigen, die genau Ihren Vorlieben entsprechen.

Diese Vorteile ändern nichts daran, dass Sie durch Cookies weniger anonym sind. Die Webseiten, von denen die Cookies stammen, erhalten ein genaues Bild Ihrer Aktivitäten, Ihrem Verhalten beim Onlineshopping, Ihren Interessen. Vielleicht wollen Sie auch ohne diese Historie auf einer Webseite einkaufen oder Suchergebnisse so angezeigt bekommen, als wären Sie ein unbekannter Besucher?

Cookies blockieren und Cookies löschen

Sie können das Setzen von Cookies in Ihrem Browser unterbinden, also verhindern, dass Webseiten Cookies setzen, wenn Sie sie besuchen. Das hat zur Folge, dass bestimmte Webseiten nicht mehr vollständig funktionieren: Sie müssen beispielsweise die Zugangsdaten immer wieder neu eingeben und die Erkennung Ihrer Vorlieben, Einstellungen und Empfehlungen funktioniert nicht mehr.

Das Verbieten des automatischen Setzens von Cookies hat nur Auswirkungen auf zukünftige Besuche von Webseiten. Wenn Sie auch die vergangenen Besuche anonymisieren möchten, müssen Sie die bereits im Browser gespeicherten Cookies löschen.

Microsoft Edge

1 Klicken Sie auf die drei Punkte oben rechts in Edge, dann auf *Einstellungen*.

2 Wählen Sie links in der Übersicht *Datenschutz und Sicherheit*.

3 Unter Cookies wählen Sie *Alle Cookies blockieren*.

4 Zum Löschen von Cookies wählen Sie auf demselben Bildschirm unter *Browserdaten löschen*, *Zu löschendes Element auswählen* und aktivieren Sie *Cookies und gespeicherte Websitedaten*. Ein Klick auf *Löschen* löscht diese dann für Edge.

Chrome

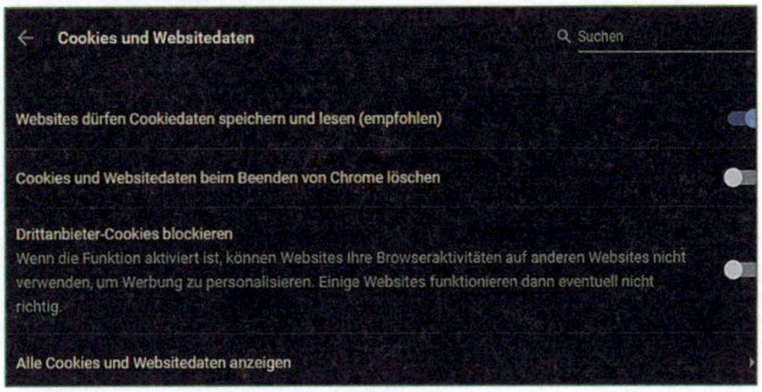

1 Klicken Sie auf die drei Punkte oben rechts in Chrome.

2 Klicken Sie unten auf *Einstellungen*.

3 Klicken Sie links *Erweitert*, *Datenschutz und Sicherheit* und dann auf *Website-Einstellungen*.

4 Deaktivieren Sie die Schalter *Websites dürfen Cookiedaten speichern und lesen* und aktivieren Sie *Drittanbieter-Cookies blockieren*.

5 Um die Cookies zu löschen, klicken Sie darunter auf *Alle Cookies und Websitedaten anzeigen* und in der Liste auf *Alle löschen*.

Firefox

1 Klicken Sie auf die drei Striche oben rechts in Firefox.

2 Klicken Sie in der Mitte auf *Einstellungen*.

3 Klicken Sie links auf *Datenschutz & Sicherheit*.

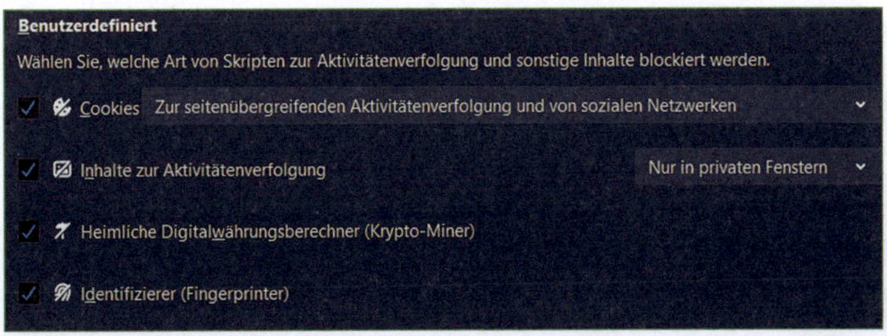

Info

Chrome und das Google-Konto: Sobald Sie einmal mit Chrome eine Webseite aufrufen, während Sie bei Ihrem Google-Konto angemeldet sind, haben Sie verloren, falls Sie anonym surfen wollten: Chrome synchronisiert Ihr Webverhalten mit dem Google-Konto und hat Ihre Google-ID immer mit im Bauch, wenn Sie eine Webseite aufrufen. Wenn Sie das nicht wollen, sollten Sie vor jeder Surfsitzung prüfen, ob Sie noch bei Ihrem Google-Konto angemeldet sind. Falls ja, klicken Sie oben rechts in Chrome auf Ihr Kontobild und dann auf *Abmelden*.

4 Firefox bietet verschiedene Schutzstufen. Zum Ausschalten von Cookies klicken Sie auf *Benutzerdefiniert*.
5 Deaktivieren Sie *Cookies* (und ruhig auch die anderen Optionen!).
6 Zum Löschen der bereits gespeicherten Daten klicken Sie unter *Cookies und Website-Daten* auf *Daten entfernen*.

Safari

1 Klicken Sie auf *Einstellungen*, *Datenschutz*.
2 Aktivieren Sie *Alle Cookies blockieren*.
3 Zum Löschen der Cookies, die in Safari gespeichert sind, klicken Sie auf *Websitedaten verwalten*.

Die Pflicht zur Zustimmung zu Cookies

Gängige Praxis im Zusammenhang mit Cookies ist, dass die Webseiten diese einfach setzen. Unterbinden Sie das Setzen von Cookies im Browser, dann funktionieren viele Seiten nicht mehr. Lassen Sie es hingegen zu, dann werden nicht nur die technisch notwendigen Cookies gesetzt (beispielsweise für den Warenkorb), sondern auch alle möglichen anderen, die dazu dienen, Ihre Aktivitäten zu verfolgen. Das ist ein Dilemma.

Einen gewissen Schutz bieten allerdings die rechtlichen Rahmenbedingungen. Denn eigentlich ist es Webseitenbetreibern verboten, Cookies ohne Einwilligung der Seitenbesucher zu setzen:

→ Das „Planet49"-Urteil

Im Jahr 2019 hat der Europäische Gerichtshof (EuGH) ein richtungsweisendes Urteil gesprochen, in der Presse oft als „Planet49-Urteil" referenziert. Vereinfacht besagt es, dass das Setzen von Cookies eine explizite Einwilligung des Besuchers der Webseite erfordert. Vorgefertigte Ankreuzfelder, die der Benutzer manuell deaktivieren muss oder die er blind durch Klicken auf ein Cookie-Banner bestätigt, ohne sie im Detail zu sehen, genügen hier nicht.

Das ist der Grund, warum Sie bei immer mehr Webseiten einen Cookie-Hinweis angezeigt bekommen, der deutlich ausgefeilter ist: Entweder werden Sie auf die Datenschutzerklärung der Webseite geleitet oder Sie bekommen einen Auswahlbildschirm, in dem Sie einzelne Cookies deaktivieren können. Die technischen Cookies sind dann automatisch aktiviert und lassen sich auch nicht deaktivieren. Dies erreichen Sie nur durch die komplette Deaktivierung der Cookies im Browser.

Je offener der Webseitenbetreiber mit Cookies umgeht, desto mehr Vertrauen schafft das. Es lässt vermuten, dass auch andere Datenschutzvorgaben eingehalten werden und Ihre persönlichen Daten möglichst sicher sind.

Fingerprinting

Cookies sind relativ harmlos, denn Sie können sie im Browser leicht abstellen und damit die Identifizierbarkeit verringern. In den vergangenen Jahren ist eine weitere Identifikationsmöglichkeit immer beliebter geworden: das sogenannte Fingerprinting. So wie ein menschlicher Fingerabdruck einmalig ist und eine eindeutige Identifikation einer Person zulässt, so ist auch Ihr Rechner sehr individuell.

Beim Aufruf einer Internetseite überträgt Ihr Browser eine Menge an Informationen, die eigentlich dazu dienen sollen, die Seite optimal auf Ihr System anzupassen. Dazu gehören:

- der verwendete Browser
- das Betriebssystem und die Betriebssystemversion
- die Spracheinstellung
- die Zeitzone
- installierte Plugins im Browser
- installierte Schriftarten
- die Bildschirmauflösung
- gegebenenfalls installierte Adblocker

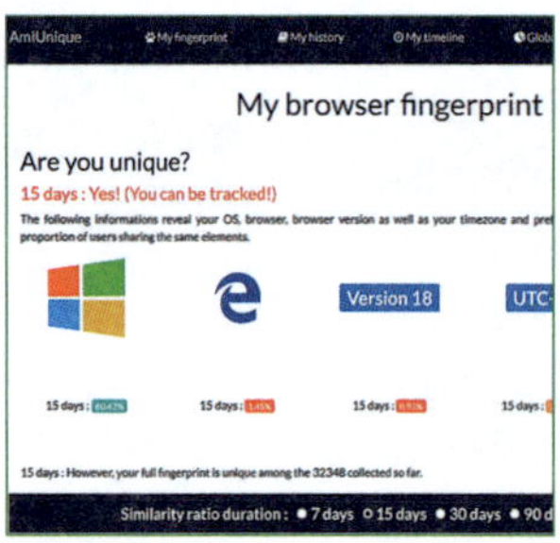

Nun mögen Sie der Meinung sein, dass das ja alles bei Abermillionen von PCs auf der Welt nicht reichen dürfte, um gerade Sie zu identifizieren. Das ist leider ein Irrglaube. Rufen Sie dazu einmal die Webseite http://amiunique.org auf. Die liest ohne weiteres Zutun die Fingerprint-Daten Ihres PCs aus und vergleicht sie mit den Daten anderer Anfragender. Das Ergebnis ist erschütternd ...

Die Antwort auf die Frage, wie Sie sich gegen Fingerprinting schützen können, wird Ihnen nicht gefallen: Es ist kaum möglich. Je „allgemeiner" der Browser ist, desto breiter ist die Masse derer, die vielleicht dieselben Einstellungen verwenden. Auch das Blockieren von JavaScript kann helfen, nur können Sie dann viele Webseiten nicht mehr vernünftig nutzen. Ein wenig Abhilfe kann die Verwendung des Tor-Browsers bringen (mehr zu diesem speziellen Browser auf S. 113).

Die Do-Not-Track-Anforderung

Die Datenschutz-Grundverordnung (DSGVO) schreibt vor, wie und unter welchen Bedingungen Ihre personenbezogenen Daten verarbeitet werden dürfen. Dazu gehört auch, dass eine sogenannte Do-not-Track-Anforderung (DNT) – also eine Aufforderung, auf das Tracking zu verzichten –, die Ihr Browser sendet, eigentlich berücksichtigt werden muss. Das ist aber noch keine Garantie dafür, dass Unternehmen und deren Webseiten Ihre Do-not-Track-Anforderung überhaupt auslesen, geschweige denn, dass sie diese auch umsetzen. Auch wenn die Datenschutzaufsichtsbehörden mittlerweile davon ausgehen, dass diese Einstellung im Browser ein wirksamer Widerspruch gegen die Datensammlung ist, den es zu beachten gilt, liegt es am Ende doch am einzelnen Webseitenbetreiber, ob er dies berücksichtigt oder ignoriert. Möglichkeiten, dies zu kontrollieren, gibt es kaum.

DNT ist ein klassisches Beispiel für ein Glas, das je nach Sichtweise halb voll oder halb leer ist: Auch wenn es keine Garantie gibt, dass die DNT-Anforderung immer befolgt wird, existieren doch viele Webseiten, die das tun. Deshalb ist es durchaus sinnvoll, in Ihrem Browser diese Anforderung zu setzen.

Microsoft Edge

1 Klicken Sie auf die drei Punkte oben rechts in Edge, dann auf *Einstellungen*.

2 Wählen Sie links in der Übersicht *Datenschutz und Sicherheit*.

3 Unter Datenschutz wählen Sie *„Do Not Track"-Anforderungen (nicht nachverfolgen) senden*.

Chrome

1 Klicken Sie auf die drei Punkte oben rechts in Chrome.

2 Klicken Sie unten auf *Einstellungen*.

3 Klicken Sie links *Erweitert*, *Datenschutz und Sicherheit* auf *Mehr*.

4 Aktivieren Sie den Schalter *Bei Browserzugriffen eine „Do Not Track"-Anforderung mitsenden*. Aktivieren Sie auch *Drittanbieter-Cookies blockieren*.

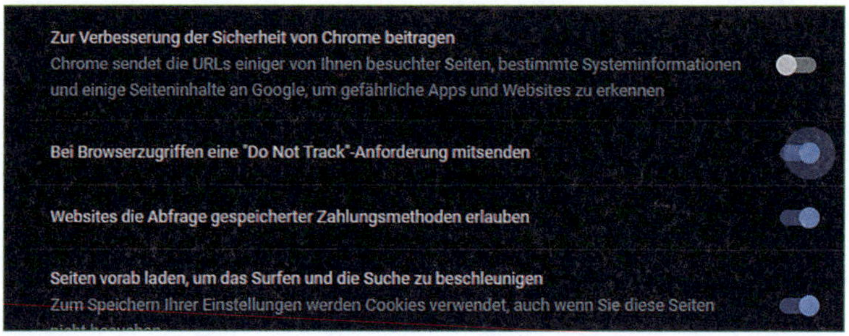

Firefox

1 Klicken Sie auf die drei Striche oben rechts in Firefox.

2 Klicken Sie in der Mitte auf *Einstellungen*.

3 Klicken Sie links auf *Datenschutz & Sicherheit*.

4 Firefox bietet zwei verschiedene Schutzstufen für DNT: Sie können entweder die Anforderung immer senden oder entscheiden, dass dies nur bei der Erkennung von bekannten Trackern erfolgen soll. Die erste Option ist hier die bessere Wahl.

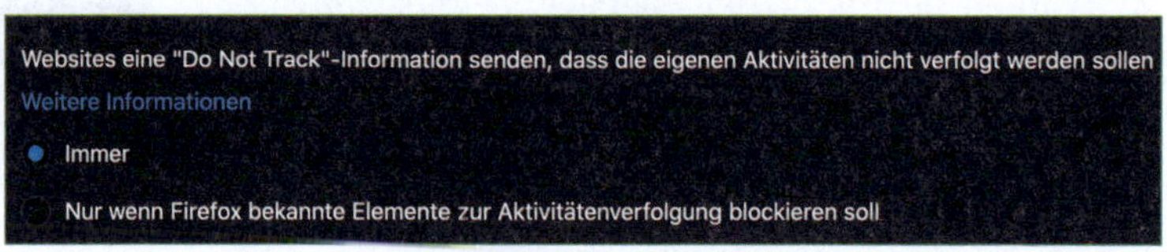

Safari

1 Apple hat entschieden, die formale DNT-Funktionalität aus Safari zu streichen. Darum finden Sie in den Einstellungen des Browsers auch keine Option mehr dazu.

2 Was Sie aktivieren können, ist der Verzicht auf das webseitenübergreifende Tracking. Diesen finden Sie nach einem Klick auf *Einstellungen*, *Datenschutz*, *Websiteübergreifendes Tracking verhindern*.

Der „private Modus" der Browser

Jeder Browser suggeriert Ihnen, dass Sie in ihm anonym surfen können. Doch Vorsicht: Egal, ob die Funktion nun „Privater Modus", „InPrivate" oder „Inkognito" heißt, das hilft Ihnen im Zusammenhang mit den an die Webseite übertragenen Daten wenig. So gesehen könnte man von einem Etikettenschwindel sprechen. Trotzdem haben diese Funktionen einen Nutzen, denn der jeweilige Modus reduziert die Daten, die auf Ihrem Computer gespeichert werden. Die Funktion ist vor allem dann interessant, wenn Sie mit mehreren Leuten gemeinsam auf einen Rechner zugreifen und vor diesen anderen Nutzern Ihre Aktivitäten verbergen möchten.

Der private Modus der Browser reduziert also nicht die Spuren, die Sie im Internet hinterlassen, sondern die, die auf dem PC gespeichert werden. Das bedeutet:

- Adressen besuchter Webseiten tauchen nicht im Verlauf auf.
- Downloads erscheinen nicht in der Übersicht.
- Passwörter und Formulardaten werden nicht gespeichert.

▶ Dateien wie Cookies und temporäre Daten werden nicht gespeichert.

Der hauptsächliche Nachteil: Ohne die Cookies müssen Sie Zugangsdaten zu Webshops und anderen anmeldepflichtigen Seiten immer erneut eingeben, statt auf die gespeicherten Daten zugreifen zu können. Wägen Sie also für jede Surfsitzung erneut ab, ob der Private Modus sinnvoll ist.

Microsoft Edge

1 Klicken Sie auf die drei Punkte oben rechts in Edge.

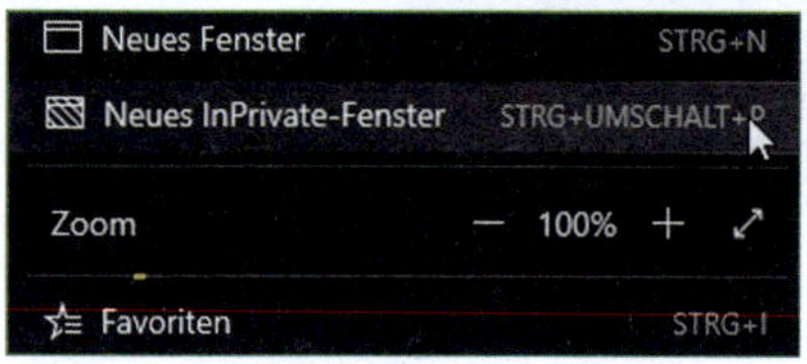

2 Klicken Sie auf *Neues InPrivate-Fenster*.

3 Edge öffnet nun ein neues Browserfenster (keine neue Registerkarte). Jede neue Registerkarte, die Sie darin öffnen, ist ebenfalls privat.

4 Sie erkennen dies an dem Text *InPrivate* ganze links von der ersten Registerkarte.

Tipp

Wollen Sie Ihren Browser dauerhaft und schnell Inkognito beziehungsweise im Privaten Modus starten, hilft Ihnen vielleicht einer dieser Tricks:

▶ Shortcuts: Drücken Sie während einer Browsersitzung in Edge, Chrome sowie Safari gleichzeitig *Umschalt + Strg + n*. In Firefox sind es die Tasten *Umschalt + Strg + p*, um schnell ein neues privates Fenster zu öffnen.

▶ Start per Rechtsklick: Sie können Ihren Windows-Lieblingsbrowser an der Taskleiste anpinnen (Rechtsklick auf das Browsersymbol bei geöffnetem Browser). Nun können Sie eine Sitzung im privaten Modus beziehungsweise Inkognito einfach per Rechtsklick auf das Taskleistensymbol starten.

Chrome

1 Klicken Sie auf die drei Punkte oben rechts in Chrome.

2 Klicken Sie auf *Neues Inkognito-Fenster*.

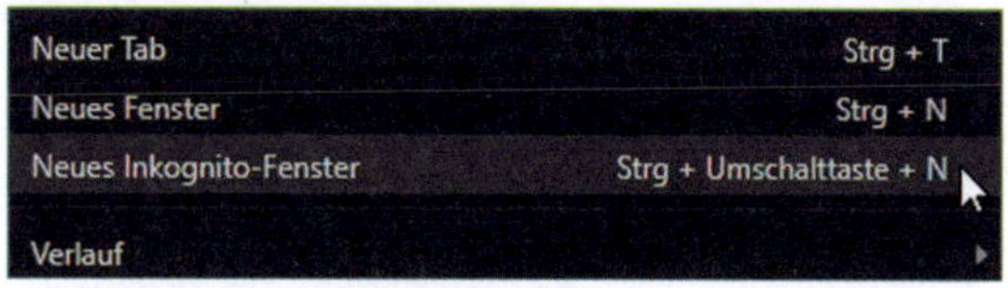

Firefox

1 Klicken Sie auf die drei Striche oben rechts in Firefox.

2 Klicken Sie auf *Neues privates Fenster*.

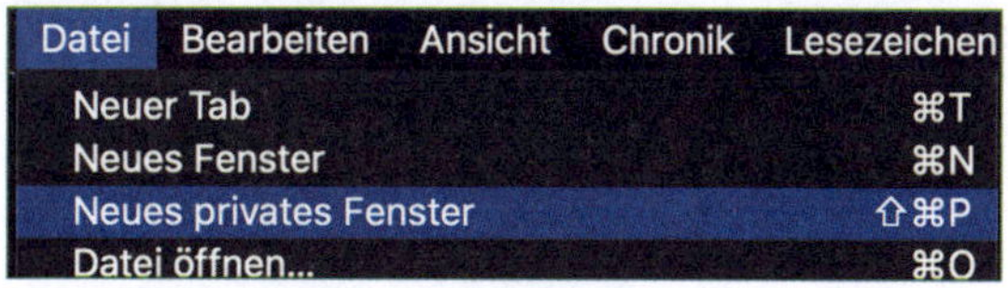

Safari

1 Klicken Sie auf *Ablage* in Safari.

2 Klicken Sie auf *Neues privates Fenster*.

Tor – der (quasi) anonyme Browser

Mit einem Browser im Internet unterwegs zu sein, ist nahezu eine Garantie dafür, dass Daten übertragen werden, die Sie identifizieren. Allein der Weg, den die Datenpakete durch das Netz gehen und der bei Ihrer IP-Adresse endet, sorgt schon dafür. Hier setzt der kostenlose Tor-Browser an. Tor steht hier für „The Onion Router" und verweist auf ein in vielen Bereichen des Lebens bekanntes Prinzip: das der Zwiebel. Eine Zwiebel besteht aus einer Vielzahl von Schichten, Sie müssen eine Schicht entfernen, um an die nächste zu kommen, dann wieder die nächste und so weiter.

Das Tor-Netzwerk ist quasi eine virtuelle Zwiebel aus Servern, über die die Daten laufen. Statt eine nachvollziehbare Route zu nehmen, schickt der auf Ihrem PC installierte Browser Ihre Anfrage, mit der Sie eine Webseite aufrufen möchten, zunächst an einen zufälligen Server im Tor-Netzwerk. Der wiederum leitet Sie an einen zweiten, ebenfalls zufälligen Server im Netzwerk weiter. Der zweite Server bekommt dann nur die Daten des ersten Servers mit, nicht mehr

Info

Alternative Bridges ausprobieren: Der Tor-Browser ist natürlich bei denjenigen, die möglichst viel über Sie wissen wollen, nicht beliebt. Manche Länder sperren den Internetzugang via Tor komplett, außerdem gibt es Internetseiten, die sich nicht aufrufen lassen. Hier können Sie eventuell Abhilfe schaffen, indem Sie in den Einstellungen des Tor-Browsers unter *General*, *Bridges* verschiedene alternative Verbindungsmethoden ausprobieren, um gegebenenfalls doch noch anonym surfen zu können.

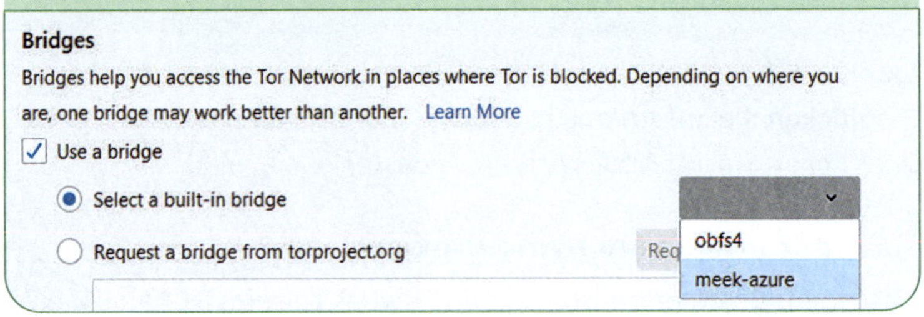

Ihre Daten. Damit ist Ihre Identität verschleiert. Jeder Rechner des Tor-Netzwerks kennt nur seinen Vorgänger, nicht aber die Identitäten der Knoten davor.

Hier ist allerdings trotzdem Vorsicht angesagt. Auch wenn der Tor-Browser Ihre Aktivitäten im Internet erst einmal anonymisiert, sobald Sie sich an irgendeinem Konto auf einer Webseite anmelden, ist es vorbei mit der Anonymität. Denn diese Daten schleppen Sie ja weiter mit sich herum. Achten Sie also darauf, dass Sie tatsächlich nur allgemeine Seiten aufrufen, bei denen keine Anmeldung nötig ist. Dann ist der Tor-Browser eine gute Alternative, wenn Sie auf Anonymität Wert legen. Der einzige Nachteil: Die Verbindung über den Tor-Browser ist aufgrund der eingeschränkten Anzahl von Servern und der Abwicklung von Anfragen meist etwas langsamer als das Surfen über die üblichen Browser.

Surfen mit Tarnkappe: VPN

Eine weitere Methode, Ihre Identität zu verschleiern, ist die Verwendung eines VPN (Virtual Private Network). Darin wird Ihre IP verborgen. Für die aufgerufenen Webseiten sieht es so aus, als würde ein komplett anderer Teilnehmer die Seite aufrufen. Zusätzlich bildet das VPN einen sicheren Tunnel, der Ihre Daten auf dem Transportweg verschlüsselt und damit für Unberechtigte unlesbar macht. Hier gibt es zwei Möglichkeiten:

- **VPN-Anbieter:** Die erste Möglichkeit besteht darin, einen der diversen öffentlichen VPN-Anbieter. Sie verbinden sich mit dem VPN-Server des Anbieters, von diesem geht dann die Verbindung zur eigentlichen Webseite – aber mit einer anderen IP. Zusätzlich können Sie auswählen, aus welchem Land Sie vermeintlich kommen möchten. Das hilft, Geoblockaden zu umgehen.

Im Juni 2021 untersuchten wir 14 VPN-Anbieter für Windows , Android und iOS. Im Test schnitten NordVPN (ab rund 5 Euro pro Monat) und Surfshark VPN (ab rund 2 Euro) am besten ab. Viele Anbieter hatten aber Mängel in der Datenschutzerklärung und den AGB: Außer Cyberghost und HMA bietet diese keiner vollständig deutschsprachig an. Surfen per VPN ist stets etwas langsamer. Bemerkbar wird das aber erst beim Streamen hochaufgelöster Videos. Alle Details finden Sie in test 06/2021 und unter test.de/vpn.

- **Eigenes VPN:** Die zweite Möglichkeit ist ein eigenes VPN. Die Einrichtung ist unter Windows wie macOS ohne Zusatzsoftware möglich. Auch viele Router, etwa die weit verbreiteten Fritz!Box von AVM haben die Funktion direkt integriert. Genaue Anleitungen finden auf den Seiten der Routerhersteller und unter test.de/vpn.

Info

Vertrauen Sie dem VPN-Anbieter? Einen VPN-Anbieter zu nutzen, scheint einfach und effektiv. Voraussetzung ist jedoch, dass Sie volles Vertrauen zum Anbieter haben. Denn auf seinem Server liegen alle Daten unverschlüsselt vor. Sie wissen weder, was der Anbieter mit diesen Daten macht, noch haben Sie Einfluss auf seine Sicherheitsmechanismen. So wurde im Oktober 2019 öffentlich bekannt, dass kryptografische Schlüssel und Informationen über Konfigurationsdateien des VPN-Anbieters NordVPN im Internet aufgetaucht sind. Das lässt darauf schließen, dass Angreifer Zugriff auf die Server von NordVPN hatten. Es gilt also abzuwägen zwischen dem zusätzlichen Schutz einer solchen Maßnahme und den daraus resultierenden Risiken.

Welche Tracker werden eingesetzt?

Neugier ist eine Grundeigenschaft des Menschen. Mal ist sie ausgeprägter, mal weniger. Dass Anbieter im Internet mehr über die Besucher Ihrer Seiten erfahren wollen, ist zunächst einmal nachvollziehbar und nicht verwerflich. Ein seriöser Onlineshop hat keinerlei Interesse daran, Ihre privaten Geheimnisse auszuplaudern. Vielmehr dient das Tracking dazu, die Seiten benutzerfreundlicher zu gestalten, das eigene Angebot besser an die Wünsche der Kunden anzupassen und Marketingmaßnahmen wie Werbung gezielter einzusetzen, um so mehr Umsatz zu generieren.
Dennoch sammeln Tracker personenbezogene Daten und müssen deshalb auch in der Datenschutzerklärung der Webseite aufgeführt werden. Schauen Sie sich die Datenschutzerklärung der Seite an, bevor Sie dort allzu viele Spuren hinterlassen. Je mehr Tracker Sie dort finden, desto mehr Informationen würden Sie beim Surfen hinterlassen.

→ Der Datenschutz-Verantwortliche

In eine Datenschutzerklärung gehört unter anderem auch die Angabe der sogenannten „verantwortlichen Stelle", also der Person oder der Firma, die die Webseite inhaltlich verantwortet und mit Ihren Daten arbeitet. Hier sollten Sie auch den Kontakt zum Datenschutz-Verantwortlichen finden. Haben Sie Fragen zu der Datensammlung durch Tracker? Stellen Sie sie einfach dort. Weitere Informationen zum Auskunftsrecht nach der Datenschutz-Grundverordnung erhalten Sie ab S. 142.

Vertrauen ist gut, Kontrolle ist besser. Das Tracking-Umfeld ist so schnelllebig, dass die Aktualisierung der Datenschutzerklärung mit der Auflistung der eingesetzten Tracker ein Dauerjob ist. Einige Shopbetreiber sind damit schlicht überfordert und wissen am Ende selbst nicht genau, was die möglicherweise von einem Dienstleister zur Verfügung gestellte Webseite so alles tut. Zugleich gibt es Anbieter, die um jeden Preis die Seitenbesucher verfolgen wollen und dafür die besten Tracker einsetzen, die sie finden – teilweise unabhängig davon, ob das zulässig ist. Aus diesen Gründen kann die Datenschutzerklärung durchaus von der Liste der tatsächlich eingesetzten Tracker abweichen.
Hilfreiche Tool, um hier zumindest ein wenig Kontrolle über die eingesetzten Tracker auf einer Webseite zu behalten, Programme wie uBLock Origin, Scriptsafe oder Ghostery. Die können Sie als separate App herunterladen und auch als Plugin für Chrome, Edge, Firefox, Opera und Safari. Im Standard arbeiten die Programme mehr informativ: Sie zeigen Ihnen die Tracker auf der Webseite in einer Liste an. Klicken Sie auf das kleine jeweilige Icon in der Symbolleiste des Browsers, sehen Sie eine Liste der eingesetzten Tracker – zumindest die, die aktuell laufen und damit erkennbar sind. Klicken Sie einen der Tracker an, bekommen Sie einen Überblick, welche Daten dieser Tracker abgreifen will.
Die Programme blocken im ersten Schritt nur die Tracker, die sie als unnötig erachten und bei denen es sicher ist, dass die Seite auch

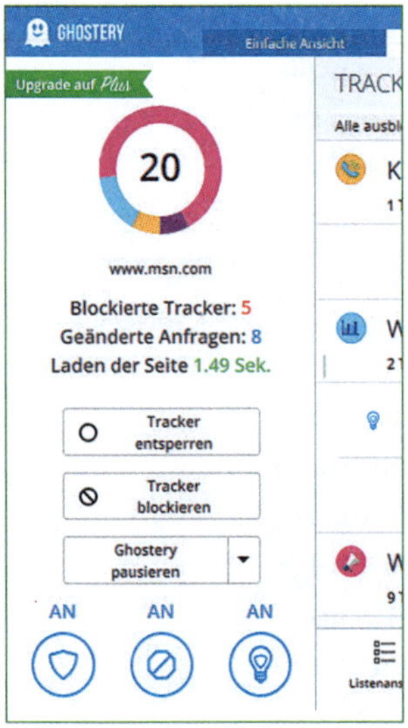

bei einem Blocken ohne signifikante Einschränkung funktioniert. Wenn Sie einen gefundenen Tracker selbst blocken möchten, klicken Sie in die Checkbox neben dessen Namen. Sie können nun festlegen, ob der jeweilige Tracker auf allen Webseiten oder nur auf der aktuellen geblockt werden soll. Andersherum können Sie einen allgemein blockierten Tracker auch für die jeweilige Webseite zulassen.

Natürlich gibt es auch noch diverse andere gute Tracking-Blocker. Die Stiftung Warentest hat eine Vielzahl von Blockern getestet und deren unterschiedliche Eigenschaften gegenübergestellt. Details zum Test finden Sie unter: www.test.de/Tracking.

Am wichtigsten ist das Fazit: „Lieber irgendein Blocker als gar keiner!"

Suchmaschinen: Es gibt nicht nur Google

Die schier unendliche Menge an Informationen im Internet macht es dem Einzelnen unmöglich, selbst alle relevanten Quellen und Artikel zu finden oder deren Adressen auswendig zu kennen. Es ist ja auch so einfach: Diverse Suchmaschinen nehmen Ihnen die Aufgabe gern ab. Sie geben Ihren Suchbegriff ein und schon bekommen Sie alle relevanten Suchergebnisse angezeigt.

Die Suchmaschinenbetreiber machen das allerdings nicht vollkommen uneigennützig, Sie als Anwender zahlen dafür einen Preis: Ihre Daten.

Das Geschäftsmodell der Suchmaschinen

Die meisten Suchmaschinen sind darauf ausgelegt, dass sie Sie möglichst schnell identifizieren, um Ihnen dann genau auf Sie zugeschnittene Werbung zeigen können. Die Werbung lassen sie sich von den Werbetreibenden gut bezahlen. Dazu zählen auch Suchtreffer, die Sie zu sehen bekommen, weil die Betreiber der jeweiligen Webseiten dafür bezahlt haben, dass sie beim entsprechenden Suchwort ganz oben gelistet werden.

Bei Google – der mit Abstand meistgenutzten Suchmaschine – zahlt der Werbetreibende für jeden Klick auf die entsprechende Anzeige. Es ist daher im Interesse des Werbetreibenden, dass dort nur Menschen klicken, die ein echtes Interesse am jeweiligen Angebot haben, dass die Suchtreffer also zu den Wünschen der Suchenden passen. Diese Suchtreffer müssen dann eigentlich als Werbung gekennzeichnet sein.

Die übrigen Treffer orientieren sich an der „Relevanz" bezogen auf die jeweiligen Suchbegriffe: Menschen nutzen eine Suchmaschine dann, wenn sie damit tatsächlich das finden, was sie gesucht haben. Auch Ihre persönlichen Daten, etwa Ihr Wohnort oder auch Daten über Ihre Vorlieben und Interessen, können herangezogen werden, damit Sie speziell für Sie passende Suchtreffer erhalten.

→ Der Index einer Suchmaschine

Der Kern einer jeden Suchmaschine ist der Index. Der wird im Hintergrund durch kontinuierliches Durchsuchen des Internets erstellt und bildet quasi ein Inhaltsverzeichnis der indizierten Seiten. Geben Sie einen Suchbegriff ein, dann gibt die Suchmaschine die passenden Suchergebnisse aus dem Index zurück. Je größer die Suchmaschine, desto umfangreicher der Index und desto breiter das Suchergebnis. Die Reihenfolge der Suchergebnisse unterliegt aber ganz allein der Kontrolle des Suchmaschinenbetreibers. Als Nutzer wissen Sie also nicht, nach welchen Kriterien die Suchtreffer priorisiert werden.

Wie gut kennt Sie Google?

Nun nehmen Sie sich eine Minute Zeit und überlegen sich, wonach Sie in den letzten Tagen gesucht haben. Dinge, die Sie kaufen wollen, Krankheitssymptome, Wegbeschreibungen zu Orten, die Sie besuchen wollen, Bewertungen zu Firmen, die für eine Bewerbung infrage kommen ... Diese Informationen allein sind schon ein Datenschatz, der detaillierte Aussagen über Sie ermöglicht. Welche Suchmaschine nutzen Sie? Zu 88 Prozent Google, wenn man der Statistik von Mitte 2023 glauben darf. Wenn Sie dann noch ein Android-Smartphone (das Betriebssystem Android ist eine Marke der Google-Mutter Alphabet) und Google Chrome als Browser verwenden, dann sind Sie für Google quasi gläsern.
Lassen Sie den Kopf nicht hängen: Auf den vergangenen Seiten haben Sie ja schon viel darüber gelesen, wie Sie aus dieser Situation herauskommen, und auch für die Suche im Internet gibt es Lösungen. Google und Bing sind bei Weitem nicht die einzigen Suchmaschinen, auch wenn sie sicherlich den größten Index haben.

Sichere Alternativen für die Onlinesuche

MetaGer beispielsweise war ursprünglich eine Metasuchmaschine. Sie verwendet Ergebnisse von verschiedenen Suchmaschinen wie Yahoo, Yandex und anderen kleineren. Ergebnisse von Google fehlen hier vollkommen, weder Ihre IP-Adresse noch der Fingerabdruck Ihres Browsers wird gespeichert. Auch Tracker werden nicht eingesetzt. Finanziert wird MetaGer durch Spenden und Fördermitgliedschaften, der Betreiber hat also weniger wirtschaftliche Interessen. Mittlerweile pflegt MetaGer auch einen eigenen Index.
Sehr beliebt ist auch DuckDuckGo, die ebenfalls von sich behauptet, keine IP-Adressen zu speichern und die Suchbegriffe vor der aufgerufenen Seite aus dem Suchergebnis zu verbergen. Das Finanzierungsmodell sieht hier ein wenig anders aus: Geld gibt es für DuckDuckGo, wenn ein Link über die Suchmaschine zu einem Kauf

auf einer der kooperierenden Shopseiten führt. Ein wenig Salz in die Such-Suppe ist die Tatsache, dass die Server von DuckDuckGo auf virtuellen Maschinen in der Amazon Cloud liegen.

Angesichts der Allgegenwart von Google kaum zu glauben: Es gibt tatsächlich eine riesige Auswahl an Suchmaschinen. Stiftung Warentest hat sich hier der wichtigsten (auch kleineren) Suchmaschinen angenommen und die zentralen Eigenschaften zusammengefasst. Mehr dazu erfahren Sie hier: www.test.de/Suchmaschinen.

→ Mehr Anonymität, aber auch mehr Aufwand

Die alternativen Suchmaschinen können Sie noch ein wenig datensparsamer nutzen, wenn Sie sie im Tor-Browser aufrufen. Natürlich bedeutet das mehr Aufwand und Sie können, wenn Sie mit weniger verbreiteten Suchmaschinen suchen, nicht von dem riesigen Index von Google profitieren. Am Ende ist es einmal mehr eine Abwägung zwischen dem Nutzen (viele Suchergebnisse mit wenig Aufwand) und dem Risiko (Verarbeitung von persönlichen Daten durch hochinteressierte Dritte).

Die Standardsuchmaschine ändern

Wenn Sie sich entscheiden, eine der alternativen Suchmaschinen zu verwenden, sollten Sie eines beachten: Sowohl Windows als auch macOS haben eine sehr praktische Funktionalität mit an Bord. Sie können dort einfach etwas in die Adressleiste eingeben, dann sucht der Browser mit einer Standardsuchmaschine nach den eingegebenen Begriffen. Das geht schnell in Fleisch und Blut über, und da als Standard meist Google und Bing eingestellt sind, haben Sie dann doch schnell einiges an Daten preisgegeben. Stellen Sie daher einfach die Standardsuchmaschine um.

Um die Suchmaschine Ihrer Wahl einzustellen, rufen Sie einmal über den Browser deren Webseite auf und führen eine Suche durch. Dann können Sie die neue Suchmaschine verwenden:

Microsoft Edge

1 Klicken Sie auf die drei Punkte oben rechts in Edge, dann auf *Einstellungen*.

2 Wählen Sie links in der Übersicht *Erweitert*.

3 Unter *In Adressleiste suchen* wählen Sie *Suchanbieter ändern*.

4 Klicken Sie die Suchmaschine Ihrer Wahl an.

5 Um sie zur Standardsuchmaschine für die Adressleiste zu machen, klicken Sie auf *Als Standard*.

6 Um die Suchmaschine zu löschen, klicken Sie auf *Entfernen*.

Chrome

1 Klicken Sie auf die drei Punkte oben rechts in Chrome.

2 Klicken Sie unten auf *Einstellungen*.

3 Klicken Sie links auf *Erweitert*, dann auf *Datenschutz und Sicherheit*.

4 Unter *Suchmaschine* wählen Sie aus der Liste unter *In der Adressleiste verwendete Suchmaschine* die Standardsuchmaschine aus.

5 Wenn Sie Ihre bevorzugte Suchmaschine nicht finden, klicken Sie links in der Leiste auf *Suchmaschine*, dann auf *Suchmaschinen verwalten*. Durch einen Klick auf *Hinzufügen* können Sie weitere Suchmaschinen aufnehmen, die dann wieder in der Liste der Suchmaschinen zur Auswahl stehen.

Firefox

1 Klicken Sie auf die drei Striche oben rechts in Firefox.

2 Klicken Sie in der Mitte auf *Einstellungen*.

3 Klicken Sie links auf *Suche*.

4 Firefox hat Erweiterungen für jede Suchmaschine. Das sind kleine Zusatzprogramme, die installiert werden können. Unter *Standardsuchmaschine* können Sie aus der Liste der installierten Suchmaschinen Ihre Wahl treffen.

5 Wenn Ihre präferierte Suchmaschine fehlt, klicken Sie weiter unten auf *Weitere Suchmaschinen hinzufügen* und suchen Sie nach Ihrem Wunschkandidaten. Ein Klick auf *Installieren* fügt diesen dann hinzu und Sie können ihn nun in der Liste der Suchmaschinen anwählen.

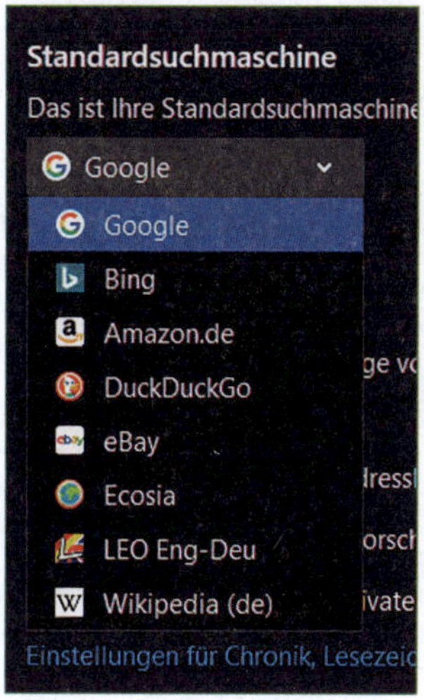

Standardsuchmaschine bei macOS ändern

Apple bietet bei macOS in Safari nur wenige Möglichkeiten, die Standardsuchmaschine zu verändern.

Safari

1 Klicken Sie auf *Einstellungen*, *Suchen*.

2 Wählen Sie unter *Suchmaschine* die gewünschte Suchmaschine aus.

Wie Firefox unterstützt Safari Erweiterungen, mit denen Sie unter anderem auch andere Suchmaschinen hinzufügen können. Klicken Sie dazu auf *Einstellungen*, *Erweiterungen*, *Weitere Erweiterungen*. Leider ist die Auswahl an zur Verfügung stehenden Suchmaschinen hier nicht sehr groß.

Sozial, aber nicht öffentlich

Soziale Netzwerke sind aus unserem Leben nicht mehr wegzudenken. Wie ein virtuelles Wohnzimmer gestalten wir sie immer weiter aus und hinterlassen dabei eine Menge an Spuren. Im Vertrauen auf unsere virtuellen Freunde mag das sinnvoll sein, aber im Hinblick auf fremde Nutzer und die Netzwerke selbst sollten Sie sehr genau überlegen, was Sie wie und für wen sichtbar veröffentlichen.

Facebook und die Macht der Daten

Facebook ist nur eines der sozialen Netzwerke, die wir tagtäglich verwenden, aber es auch das größte und bekannteste. Zugleich lässt sich anhand von Facebook das Grundprinzip sozialer Netzwerke sehr gut beschreiben. Je mehr Nutzer ein Netzwerk hat, desto größer ist der Einfluss, den es entwickelt. Und desto mehr lassen die Nutzer sich einbinden und davon überzeugen, ihre Daten zu hinterlassen. Auch wenn die Nutzung dieser Plattform einfach scheint und viele Vorteile bringt, sollten Sie sich immer vor Augen führen, dass es am Ende (auch) um Geld geht.
Doch wie verdient Meta beziehungsweise Facebook Geld, wenn es für die Nutzer vollkommen kostenfrei ist? Einmal mehr lautet die Antwort: Die virtuelle Währung sind Ihre Daten. Facebook weiß eine Menge von Ihnen und kann Sie als Person sehr gut einschätzen.

Das große, schwarze Datenloch

Facebook sammelt – wie alle sozialen Netzwerke – so viele Daten, wie es eben geht. Das sind nicht nur die Daten, die Sie beim Anlegen Ihres Kontos zwingend eingeben müssen, wie Name, Wohnort, Geburtstag, Geschlecht und Kontaktdaten. Auch freiwillige Informationen wie Lebensereignisse (zum Beispiel abgeschlossene Ausbildungen, Geburt von Kindern, Hochzeiten, Umzüge), Verknüpfungen mit anderen Facebook-Nutzern, Ihre Beiträge, „Likes" und Markierungen und noch vieles mehr hat Facebook zur Verfügung.

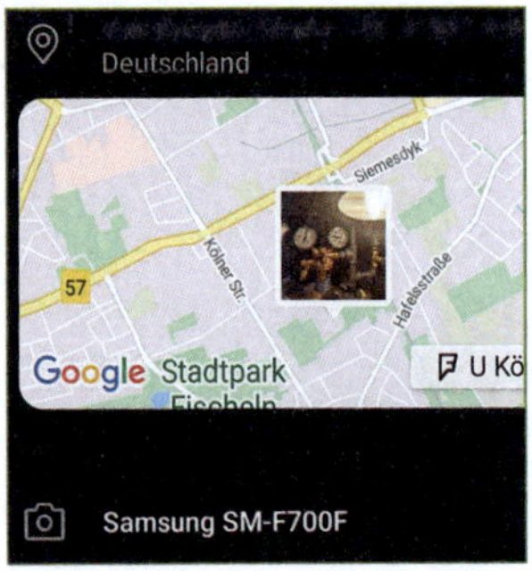

Damit nicht genug: Wenn Sie mit Ihrem Smartphone unterwegs sind, dann schießen Sie das eine oder andere Foto und laden es zur allgemeinen Freude auf Facebook hoch. Vielleicht erinnern Sie sich nicht, aber Ihr Smartphone hat Sie ganz am Anfang einmal gefragt, ob es die Geoposition speichern darf. Wenn Sie das bejaht haben, dann wird beim Fotografieren die Position, an der Sie und Ihr Smartphone sich befinden, erfasst.
Die sogenannten EXIF-Daten (Exchangeable Image File Format) der Fotos enthalten außerdem weitere Metainformationen, beispielsweise Datum und Uhrzeit und das Kamera- oder Smartphonemodell. Mit der Nutzung von Facebook haben Sie dem Netzwerk das Recht übertragen, Ihre Fotos zu nutzen, und dazu gehören auch die Metainformationen (siehe hierzu S. 24).
Denkt man das weiter: Damit weiß das Netzwerk, wo Sie wann waren. Genauer gesagt, wo Ihr Smartphone war, was in der Praxis meist auf das Gleiche hinausläuft. In der Menge der Informationen kann dann schnell herausgefunden werden, mit wem Sie wahrscheinlich unterwegs waren: Hochgeladene Fotos zur gleichen Zeit am gleichen Ort sind noch keine Garantie, aber ein Indiz. Der Einsatz von KI-Algorithmen erweitert die Möglichkeiten der sozialen Netzwerke noch mehr: Mit wenig Aufwand lassen sich weitere Datenquellen mit in die Analyse aufnehmen. Das Bild, das damit von Ihnen entsteht, wird also immer detaillierter.

Info

Facebook auf dem Smartphone: Nicht nur Fotos übertragen Ihre Position, auch die Facebook-App auf Ihrem Smartphone erfasst die Position und schickt sie mit, zumindest in den Standardeinstellungen. Jeder Post, jede Messenger-Nachricht enthält also mehr Informationen als den puren Text, den Sie eingeben.

Hinzu kommen Informationen, die gar nicht Sie selbst, sondern andere für Sie eingeben: Sie sind mit Freunden unterwegs und lassen Facebook extra geschlossen. Es muss ja nicht jeder mitbekommen, dass Sie an einem so schönen Tag statt im Büro im Park sitzen. Diese Vorsichtsmaßnahme nützt aber wenig, wenn ein Bekannter Sie in einem Beitrag markiert und Sie dies nicht unterbunden haben (wie das geht, erfahren Sie auf S. 136).

Ein paar Fotos – was macht das schon?

An dieser Stelle könnte man sich fragen, welchen Nutzen Facebook und andere Plattformen nun daraus ziehen. Facebook mag die Rechte an Ihren Fotos haben, aber was soll man schon mit all den Urlaubsschnappschüssen von Millionen Nutzern anfangen?

Tatsächlich ist damit eine Menge möglich – und das hat positive wie negative Auswirkungen. Kartenanbieter verwenden solche Bilder beispielsweise gern, um Echt-Ansichten von Orten zu generieren. Hunderte von Anwendern bewegen sich in der Umgegend des Eiffelturms. Alle machen Fotos, aus den verschiedensten Blickwinkeln. Da bedarf es nur noch ein wenig Rechenleistung, um aus all diesen Bildern eine 3D-Ansicht des Eiffelturms aus allen möglichen Blickwinkeln zu generieren. Das ist sicherlich reizvoll und auch für diejenigen von Interesse, die den Eiffelturm noch nicht besuchen konnten. Eine gute Sache – vorausgesetzt, der Kartenanbieter hat darauf geachtet, alle Personen aus den Fotos zu entfernen.

Die Kehrseite der Medaille ist weniger angenehm: Auch wenn Google Glass mit seiner Datenbrille 2013 noch krachend gescheitert ist, der Traum wird fleißig weitergeträumt. Unternehmen wie Clearview AI, Microsoft, Apple und auch Facebook arbeiten an neuen Varianten dieser Geräteklasse – zum Teil zusammen mit großen Sonnenbrillenmarken. In Kombination mit auf den sozialen Netzwerken öffentlich zugänglichen Informationen wie Name, Bild oder Nutzerprofil, erlaubt dies eine Verletzung der Privatsphäre, die bisher kaum für möglich gehalten wird.

KI-Bild-Tools wie Adobes FireFly oder Dall-E erlauben es, aus Bildmaterial neue Bilder zusammenzusetzen, die einen ganz andern Kontext haben. Unvergessen das Bild des Papstes in einer Daunenjacke, das um die Welt ging. Je mehr Bildmaterial von Ihnen verfügbar ist, desto mehr kann missbraucht werden.

Facebook als Werbenetzwerk

Facebook allein sitzt also auf einem riesigen Datenschatz, der für alle möglichen Zwecke genutzt werden kann. Aber Facebook ist nicht allein. Nicht jedem ist bekannt, dass Instagram und WhatsApp zur Facebook-Mutter Meta gehören. Mit Threads hat Meta ein neues Netzwerk auf den Markt gebracht, das X / Twitter Konkurrenz machen soll. So kommen neben den bei Facebook hinterlegten Infos weitere Quellen hinzu, die jede für sich bereits viele persönliche Daten enthält. Im Zusammenspiel wird das Bild, das Meta von Ihnen entwickeln kann, immer detaillierter. Die Schreckensvision des „gläsernen Menschen“ nimmt dadurch Gestalt an.

Es überrascht nicht, dass in der öffentlichen Berichterstattung der Eindruck herrscht, Facebook sammele ungezügelt personenbezogene Daten und verkaufe diese an beliebige Interessenten. Das ist natürlich nicht so, es wäre rechtlich nicht zulässig. Spätestens seit Inkrafttreten der DSGVO sind die EU-Bußgelder so hoch, dass sich das kaum lohnen würde – Facebook hat durch diverse Datenlecks ohnehin schon einiges zu tun. Im Mai 2023 hat die EU etwa ein Rekordbußgeld von 1,2 Mrd. Euro an Facebook wegen der unrechtmäßigen Weiterleitung von Nutzerdaten in die USA verhängt.

Der wirtschaftliche Kern von Facebook ist die zielgerichtete Werbung. Sie als Nutzer machen sich als Werbeempfänger interessant. Sie hinterlegen Ihre Daten, liken Beiträge, geben Vorlieben preis, markieren Lieblingsorte, markieren Freunde und vieles mehr. Anhand dieser Informationen ist es möglich, Sie einzuordnen, etwa: „männlich, 55–60 Jahre alt, heterosexuell, Kinder, wohlhabend, reist viel, politisch interessiert, kauft gerne online ein“.

Werbetreibende wiederum haben abhängig vom Produkt oder der Dienstleistung, die sie anbieten, eine Zielgruppe, für die dieses Angebot interessant ist. Facebook verkauft nun die Schaltung von Werbeanzeigen an die gewünschte Zielgruppe. So ist die Wahrscheinlichkeit, dass die Werbung Erfolg hat, deutlich höher als bei ungezielter Werbung auf einer normalen Webseite. Dabei bekommt der Werbetreibende natürlich keine Informationen über Sie als Person. Er bucht eine bestimmte Kategorie von Nutzern, zum Beispiel nach Alter, Geschlecht, geografischer Lage und Interessen. Die Anzeige wird dann genau den Facebook-Nutzern gezeigt, die in das gewünschte Profil passen.

Wenn Sie sich wundern, warum Sie in Ihrer Facebook-Zeitleiste immer wieder gesponserte Beiträge – also Werbeanzeigen – sehen, die zumindest nicht komplett an Ihren Interessen vorbeigehen: Jetzt kennen Sie den Grund.

Info

Facebook-Pixel: Facebook bietet seinen Werbekunden an, einen sogenannten Facebook-Pixel in ihre Webseiten einzubinden. Das ist ein kleiner Code-Schnipsel, der Facebook und die Webseite miteinander verbindet. Irgendwann melden Sie sich bei Facebook an und diese Anmeldung bleibt aktiv, während Sie weiter im Internet surfen. Wenn Sie dann eine Seite mit Facebook-Pixel aufrufen, wird diese Information an Facebook übermittelt. Facebook „weiß“ dann beispielsweise, dass Sie sich in einem bestimmten Onlineshop umgesehen haben. Das erlaubt die Schaltung von noch spezifischerer Werbung, etwa für genau das Produkt, das Sie dort gesehen haben. Natürlich werden hier keine personenbezogenen Daten übermittelt, sondern die Nutzerdaten verschlüsselt, sodass Facebook Sie als einzelnen Nutzer nicht eindeutig identifizieren kann.

Meinungsbildung contra Manipulation

Während man Werbung noch als eine vielleicht störende, aber eher unschädliche Nebenerscheinung der Nutzung eines sozialen Netzwerks sehen kann, sind andere Möglichkeiten, die sich aus den gesammelten Nutzerdaten ergeben, deutlich problematischer. Soziale Netzwerke wie Facebook sind für viele Anwender mittlerweile ein zentraler Teil ihres Lebens geworden, eine Ersatzfamilie gar. Das, was sie dort lesen, ist über jeden Zweifel erhaben.
Die gezielte Verwendung von Inhalten auf Facebook zur Meinungsbildung ist spätestens seit der öffentlichen Diskussion über Cambridge Analytica und deren Rolle im US-amerikanischen Präsidentschaftswahlkampf bekannt. Die Facebook zur Verfügung stehenden Daten eignen sich nämlich hervorragend, um ganz gezielt Gruppen von Menschen mit einer dem Zweck genehmen Version der Wahrheit zu versorgen.

→ Dark Ads und Dark Pages

Eine wichtige Rolle spielen die sogenannten Dark Ads oder Dark Pages: Diese Anzeigen oder Webseiten sind „im Dunkeln", weil nicht jeder sie zu sehen bekommt. Sie tauchen nicht im allgemein zugänglichen Info- und Werbematerial eines Unternehmens oder einer Partei auf. Stattdessen bekommt jede Zielgruppe ihre ganz spezielle Version der Wahrheit gezeigt. Die muss gar nicht mal falsch sein. Es reicht ja schon, nur die eine Tatsache in den Blick zu rücken, die dem Zweck dienlich ist, und alle anderen Fakten zu unterschlagen.

Auch ohne gezielte Manipulation ist in den sozialen Netzwerken ein Trend zu beobachten, der auf die freie Meinungsbildung Einfluss hat: Der Mensch ist ein Herdentier und damit anfällig für die Meinung der Masse. Wenn Sie im realen Leben diskutieren, werden Sie meist einen gesunden Durchschnitt von Meinungen vorfinden. Es mag zu jedem Thema eine Tendenz geben, aber die meisten Diskussionen sind ausgeglichen. Im Internet ist das oft anders: Eine

Diskussion startet mit einer Meinung, schnell beteiligen sich immer mehr Menschen und geben eine Tendenz vor. Weicht Ihre Meinung von der der Mehrheit ab, dann folgt oft der viel beschriebene Shitstorm: Satt sachlicher Diskussion und tatsächlichem Beschäftigen mit dem Thema wird nur noch auf diejenigen eingeprügelt, die eine andere Meinung als die „Herde" haben.

Ein soziales Netzwerk kann keine persönliche Diskussion ersetzen, zumindest nicht vollständig. Die anonyme Masse, die sich in den Netzwerken tummelt, und die teilweise nur um der Diskussion, nicht um des Themas willen mitmacht, ist weniger zielführend als eine kleine Diskussionsgruppe vertrauter Menschen. Vor allem ist eine solche Gruppe in der realen Welt vertrauenswürdiger, denn die Meinungen und auch die Entwicklung der eigenen Überzeugung bleiben dort im kleinen Kreis, statt der Öffentlichkeit preisgegeben zu werden.

Öffentlich sichtbar sein ist riskant

Nicht nur die sozialen Netzwerke selbst und ihre Werbekunden profitieren von den dort gespeicherten Daten. Wenn persönliche Daten öffentlich sind, kann jeder beliebige Nutzer ganz einfach darauf zugreifen und diese Informationen gegebenenfalls für eigene Zwecke missbrauchen.

Welche Auswirkungen das haben kann, musste beispielsweise die Journalistin Tina Groll am eigenen Leib erfahren. Name und Geburtsdatum – also Informationen, die jedem sozialen Netzwerk vorliegen – reichten aus, um bei Onlinehändlern unter ihrem Namen Konten zu eröffnen und für Tausende Euro Waren zu bestellen. Die Versandadressen entsprachen natürlich nicht der echten Adresse und, wenig verwunderlich, die Ware wurde nie bezahlt.

Bis zu diesem Zeitpunkt bemerkt ein Opfer den Identitätsdiebstahl in der Regel gar nicht. Aus den öffentlich zur Verfügung stehenden Informationen kann sich der Betrüger eine glaubhafte E-Mail-Adresse basteln, die für die komplette Kommunikation verwendet wird. Doch irgendwann sind die Händler, die nach wie vor auf ihr Geld warten, der fruchtlosen Mahnungen müde und schalten ein Inkassounternehmen ein. Das fackelt nicht lange, ermittelt die „echte Person“, deren Identität gestohlen wurde, und versucht, das Geld einzutreiben.

→ Folgen eines Identitätsdiebstahls

Schufa-Einträge, negative Bonität, endlose Schriftwechsel mit Händlern, Auskunfteien und anderen Parteien fressen Zeit, Geld und Nerven. Das Schlimme dabei: Nicht selten werden die falschen Daten dann zum echten Datensatz sortiert. Auch wenn Sie überhaupt nichts falsch gemacht haben, bleibt der Makel an Ihnen hängen.

Einen absoluten Schutz davor gibt es nicht, nur die Empfehlung, möglichst wenige persönliche Informationen ins Netz zu stellen. Dazu gehört, dass Sie sich selbst disziplinieren und bei jedem Post überlegen, ob Sie ihn wirklich absetzen wollen, was er enthalten soll und für welches Publikum er sichtbar ist. Denn so groß die Macht von Facebook sein mag, das Problem sitzt (auch) vor der Tastatur.

Privatsphäreeinstellungen nutzen

Soziale Netzwerke sind in den vergangenen Jahren immer mehr zur Wurzel allen Übels stilisiert worden. Eines wird dabei schnell vergessen: Wir als Anwender sind es, die sich freiwillig entscheiden, unsere Daten preiszugeben. Niemand zwingt uns, etwas über uns mitzuteilen, und doch tun wir es. Weil es cool ist, weil andere es auch machen, weil es die Welt zusammenbringt.

Keine Frage, allein für den letzten Punkt lohnt es sich, soziale Netzwerke zu nutzen. Die Welt wird immer globaler, und so wächst der Kreis der Freunde und Bekannten auch geografisch. Freunde in Australien oder den USA sieht man eben nicht so häufig, und der Unterschied der Zeitzonen macht eine Kommunikation via Telefon oder Skype nicht wirklich einfach. Das Teilen von Lebensereignissen über Facebook spricht gleich eine größere Zahl von Empfängern an, und das mit minimalem Aufwand. Und auf der anderen Seite sind Sie gleich auf dem aktuellen Stand und wissen, wie es den entfernten Freunden geht, wenn Sie deren Lebensereignisse nachlesen können.

Soziale Netzwerke pauschal zu verdammen, greift hier also zu kurz. Vielmehr ist es wichtig, dass Sie sich bei der Nutzung von Facebook, X/Twitter, Instagram und all den anderen Netzwerken an dieselben vernünftigen Verhaltensweisen erinnern, die Sie auch in der echten Welt an den Tag legen.

Wer kann Ihre Beiträge sehen?

Eine wichtige Entscheidung ist die der Privatsphäre. Das Kommunikationsverhalten von Menschen ist unterschiedlich ausgeprägt. Der eine ist schwatzhafter, die andere eher eine Geheimniskrämerin. Die meisten Menschen achten aber zumindest darauf, wer gerade in der Nähe ist, wenn sie vertrauliche Dinge erzählen. Das Gleiche sollte in sozialen Netzwerken gelten.

→ Sichtbarkeit einschränken

Im einfachsten Fall lassen Sie Ihre Beiträge nur für ausgewählte Menschen zu, sprechen also im kleinen Kreis. Wenn Sie Ihre Facebook-Timeline, X/Twitter- oder Instagram-Beiträge auf „öffentlich" einstellen, dann ist das wie lauten Schreien auf einem vollgedrängten Platz. Überlegen Sie im Vorfeld, wer Zielgruppe Ihrer Beiträge sein soll. Alle sozialen Netzwerke bieten die Möglichkeit, die Sichtbarkeit von Beiträgen einzuschränken.

Auf Facebook

1 Klicken Sie auf das nach unten weisende Dreieck rechts in der Symbolleiste und klicken Sie auf *Einstellungen & Privatsphäre*.

2 Wählen Sie *Einstellungen*, *Privatsphäre*.

3 Unter *Wer kann deine zukünftigen Beiträge sehen?* klicken Sie auf *Bearbeiten*, dann wählen Sie die gewünschte Option aus. Normal sollte hier *Freunde* eingestellt sein, das schließt zumindest einen Zugriff von Fremden auf Ihre Beiträge aus.

4 Wollen Sie noch weitergehen, wählen Sie *Mehr* und *Bestimmte Freunde*. Legen Sie auf Personenebene fest, wer Beiträge sehen darf.

5 Wenn Sie auch öffentliche Beiträge verfassen oder in der Vergangenheit eine andere Privatsphäre-Einstellung verwendet haben, können Sie durch einen Klick auf *Vergangene Beiträge einschränken* die für neue Beiträge gewählte Einstellung auf alle bereits bestehenden anwenden.

Auf X (ehemals Twitter)

1 Klicken Sie auf *Ihr Profilfoto*, *Einstellungen und Datenschutz*, *Datenschutz und Sicherheit*, *Zielgruppe und Marketing*.

2 Aktivieren Sie *Deine Tweets schützen*, können diese nur von Ihren Followern gelesen werden. Jeden neuen Follower müssen sie manuell bestätigen und zulassen.

Auf Instagram

1 Klicken Sie auf das kleine Zahnrad neben Ihrem Benutzernamen, dann auf *Privatsphäre und Sicherheit*.

2 Aktivieren Sie *Privates Konto*, um jeden Abonnent manuell zu bestätigen, bevor er Ihre Beiträge sieht. Vorhandene Abonnenten bleiben davon unberührt.

3 Einige Einstellungen sind bereits zu Facebook übertragen worden. Sie finden Ihr Instagram-Konto dort als separates Profil in den *Einstellungen*.

Unabhängig von den Einstellungen der Privatsphäre Ihrer Social-Media-Konten sollten Sie regelmäßig kontrollieren, wer in Ihrer Freundesliste ist. Der beste Freund wird schnell zum ärgsten Feind. Nur weil er früher einmal alles mitlesen durfte, muss das heute nicht mehr der Fall sein. Gehen Sie die Liste Ihrer Freunde/Follower/Abonnenten durch und löschen Sie diejenigen, die nicht mehr hineingehören. So vermeiden Sie, dass Informationen über Sie über diesen Weg an (mittlerweile) Unbefugte gelangen.

Für wen ist das interessant?

Es ist empfehlenswert, sich vor einem Posting immer erst einmal zu fragen, für wen das, was man da veröffentlichen möchte, überhaupt interessant ist. Nicht umsonst werden Menschen belächelt, die das Bedürfnis verspüren, jede ihrer Mahlzeiten per Foto auf Facebook oder Instagram zu präsentieren. Wer soziale Medien zu leichtfertig nutzt, kann seinem Ruf schaden. Viel wichtiger aber: Bestimmte Informationen – besonders im Zusammenspiel mit zu laxen Privatsphäre-Einstellungen – sind mit viel weitreichenderen Risiken verbunden, als es auf den ersten Blick erscheint.

Das klassische Beispiel dafür ist das Posting aus dem Urlaub, das zeigt, wo Sie gerade sind und die Sonne und das Leben genießen. Was soll daran falsch sein? Schließlich wurden doch auch in früheren Zeiten schon Postkarten aus dem Urlaub verschickt. Das Problem ist jedoch, dass diese Information über eine öffentliche Plattform wie Facebook weit mehr Menschen erreichen kann. Beispielsweise jemanden, der schon immer mal in Ihre Wohnung einbrechen wollte. Der potenzielle Einbrecher hat nun die Garantie, dass Sie weit entfernt sind und in den nächsten Stunden sicher nicht zu Hause auftauchen werden – die perfekte Gelegenheit!

Auch von dem Erwerb einer teuren Uhr mit Angabe des Geschäfts sofort nach dem Kauf online zu berichten, ist keine gute Idee: Die Zahl der möglichen Wege von dort nach Hause ist meist begrenzt und bietet eine gute Chance, Sie irgendwo abzupassen.

Info

Posten – ja oder nein? Es gibt keine pauschale Aussage, welche Inhalte Sie posten sollten und welche nicht. Sie sollten sich jedoch bei jedem Post Gedanken darüber machen, für wen dieser interessant sein könnte. Sollen wirklich alle „Freunde" in der Liste von dieser Neuigkeit erfahren? Und gibt es vielleicht Menschen, die mit den Informationen aus diesem Post etwas tun könnten, was Sie gar nicht möchten?

Übernehmen Sie allein die Kontrolle

Sie können noch so viel auf Ihre eigenen Beiträge achten, andere Nutzer haben Sie nicht unter Kontrolle. Was jemand über Sie schreibt, können Sie nicht beeinflussen – wohl aber, ob Sie in anderen Posts markiert sind. Die meisten sozialen Netzwerke bieten in den Datenschutzeinstellungen die Möglichkeit, eigene Markierungen in fremden Beiträgen auszuschließen, das Teilen Ihrer Beiträge einzuschränken und mehr. Die Einstellungen hierfür finden Sie:

- bei Facebook unter *Chronik und Markierungen*,
- bei X/Twitter unter *Datenschutz und Sicherheit*, *Foto-Markierungen*,
- bei Instagram unter *Privatsphäre und Sicherheit*, *Konto-Privatsphäre*.

Bleiben Sie auf dem Laufenden

Die Einstellungen bei den einzelnen sozialen Netzwerken ändern sich in unglaublicher Geschwindigkeit, sei es durch neue Datenschutzurteile, Nutzerwünsche oder technische Restriktionen. Schauen Sie regelmäßig in den Kontoeinstellungen nach, ob sich da etwas geändert hat. Privatsphäre ist nicht im Interesse der Betreiber, erwarten Sie also keine aktive Information!

Beispiel Gesichtserkennung bei Facebook

Facebook fügt gern mal neue Funktionen hinzu, die in den meisten Fällen etwas mit Ihren Daten anfangen wollen. Natürlich haben Sie dann in den Einstellungen die Möglichkeit des Widerspruchs. Nur nützt Ihnen das wenig, wenn Sie gar nicht wissen, dass es eine neue Funktion gibt.
Ein gutes Beispiel ist die Gesichtserkennung von Facebook. Damit sollen Benutzer in Fotos und Videos anhand von digitalen Schablonen automatisch erkannt werden, ohne dass sie dazu manuell markiert werden müssen. Vordergründig geht es bei dieser Funktion darum, dass Sie mehr Kontrolle darüber bekommen, welche Fotos und Videos von Ihnen vorhanden sind. Dies weiß dann jedoch auch Facebook und mit diesen Informationen lässt sich eine noch viel tiefer gehende Analyse durchführen, als es ohne möglich wäre. Vielleicht haben Sie nicht gepostet, dass Sie an einer Demonstration teilgenommen haben. Ein auf Facebook hochgeladenes Foto eines anderen Teilnehmers der Demonstration zeigt Sie aber dort. Schon hat Facebook diese zusätzliche Information über Sie erhalten, die Sie selbst eigentlich verbergen wollten und die wieder auswertbar und weiterverwendbar sind.

Einstellungen zur Gesichtserkennung

Über diese Einstellung kann Facebook feststellen, ob du auf einem Foto oder in einem Video zu sehen bist. Weitere dazu, wie und wann wir dich erkennen, findest du im Hilfebereich.

Gesichtserkennung	Möchtest du zulassen, dass Facebook dich auf Fotos und in Videos erkennt?	Ja

Die Gesichtserkennung können Sie in den Einstellungen von Facebook ausschalten. Die angelegten digitalen Schablonen, mittels derer Sie in Fotos und Videos identifiziert werden, sollen dann auch gelöscht werden (ob dies wirklich geschieht, können Sie allerdings nicht nachprüfen).

Die Aktivitäten außerhalb von Facebook

Sind Sie mit einem Browser auf anderen Webseiten unterwegs, während Sie noch auf Facebook eingeloggt sind, dann sind Sie durch die mannigfaltige Integration von Facebook-Trackingtools auf den Webseiten als Facebook-Nutzer identifizierbar, das heißt, die Webseiten übertragen Informationen über Ihre Nutzung der Seite an Facebook (siehe auch S. 129). Das glauben Sie nicht? Dann schauen Sie sich in Ihrem Facebook-Konto einfach mal die *Aktivitäten außerhalb von Facebook* an. Es gibt keine genaue Information, welche Daten an Facebook übertragen werden, aber die Webseiten allein lassen schon eine genaue Einschätzung Ihrer Vorlieben und Interessen zu. Hier können Sie zumindest für die Zukunft gegenwirken: Löschen Sie den Verlauf und schalten Sie die Erfassung der Daten unter *Künftige Aktivitäten verwalten* aus. Das Ausloggen aus dem Facebook-Konto im Browser ist eine zusätzliche Methode, Facebook weniger Daten über Ihr Surfverhalten zukommen zu lassen. Auch wenn das – Stichwort Fingerprinting (S. 108) – keinen absoluten Schutz bietet.

Facebook als Passwortersatz?

Ganz ohne Frage ist es das Ziel der sozialen Netzwerke, einen möglichst großen Anteil an Ihrem Leben zu haben. Dazu gehört auch, dass Sie Ihr Facebook-Login im Schlaf kennen, im Gegensatz zu den diversen Anmeldenamen und Kennwörtern einzelner Dienstleister, die Sie jeweils separat festlegen. Darauf baut das Prinzip des Single Sign-on (SSO) auf: So bezeichnet man die Anmeldung bei unter- schiedlichen Programmen und Systemen unter Verwendung eines zentralen Logins.

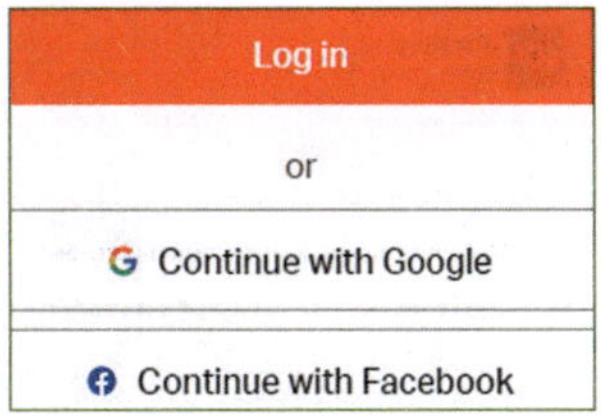

Der Vorteil liegt auf der Hand: Sie merken sich nur eine Kombination aus Benutzername und Passwort. Wenn Sie die Befürchtung haben, dass diese kompromittiert ist, dann ändern Sie das Passwort an der zentralen Stelle, statt unüberschaubar viele unterschiedliche Seiten und Dienste ansurfen zu müssen und die Änderung dort separat durchzuführen. Facebook versucht, dies über die Funktion „Facebook Login" (früher „Facebook Connect") abzubilden.

Viele Internetseiten bieten neben dem Anmelden mit eigenen Kontodaten die Anmeldung über Facebook (oder Google) an. Das Facebook-Login wird quasi zur zentralen, einheitlichen Internetidentität. Was einerseits eine deutliche Erleichterung für Sie als Nutzer ist, hat andererseits auch seine Schattenseiten. Facebook überträgt immer das öffentliche Profil an die aufrufende Webseite und gegebenenfalls noch diverse andere Informationen, die Sie als öffentlich gekennzeichnet haben. Das muss für den Benutzer sichtbar stattfinden, Sie haben aber wenig Auswahlmöglichkeiten: Entweder Sie nehmen es hin oder Sie verzichten auf das Facebook-Login und legen weiterhin für jede Seite einzelne Zugangsdaten an.

→ Datenaustausch beim Facebook-Login

Beim Facebook-Login werden Daten in beide Richtungen ausgetauscht. Nicht nur der Händler oder Diensteanbieter bekommt Ihre Daten von Facebook, sondern auch Facebook erhält Informationen darüber, wie Sie die Seite nutzen. Diese werden im Nutzerprofil hinterlegt und ermöglichen es Facebook, Ihre Vorlieben und Ihre Werbeempfänglichkeit noch genauer einzuschätzen.

Wenn Sie diese Funktion nutzen, dann seien Sie sich über diesen Informationsfluss im Klaren. Auch hier geht es um ein Abwägen, in diesem Fall zwischen der Bequemlichkeit durch das Facebook-Login und der Gefahr, zu viele Informationen preiszugeben.

Natürlich ist die Verknüpfung Ihres Facebook-Kontos mit den Webseiten (und auch mit Apps, bei denen Sie diese Funktionalität ebenfalls nutzen können) nicht unumkehrbar: Gehen Sie in Facebook in die Privatsphäre-Einstellungen, dann auf *Apps und Websites*. Hier finden Sie alle Verknüpfungen zu Webseiten, können genau sehen, was die Webseiten sehen und verwenden können. In Maßen können Sie hier sogar Änderungen vornehmen. Wenn Sie eine Webseite nicht mehr benutzen wollen oder Ihnen bei der Rückkontrolle deren Datenhunger zu weit geht, dann können Sie den Zugang ganz unten durch einen Klick auf *Entfernen* löschen.

Das Konto löschen

Sie müssen keine sozialen Netzwerke nutzen. Wenn Sie irgendwann die Nase voll haben, dann können Sie Ihr Konto kündigen und verlangen, dass die Daten gelöscht werden. Bei Facebook finden Sie diese Funktion unter *Deine Facebook-Informationen, Deaktivierung und Löschung*.

Option: Informationen herunterladen

Vor der Löschanforderung können Sie alle Ihre Daten herunterladen. Diese Option können Sie auch nutzen, um einen Überblick über die von Ihnen bei Facebook eingegebenen Daten zu erhalten. Dieser vermeintliche Service ist der Versuch des Netzwerks, der Vorgabe der EU-Datenschutz-Grundverordnung in Artikel 20 zu entsprechen: Sie haben das Recht, die Sie betreffenden personenbezogenen Daten, die ein Unternehmen gespeichert hat, „in einem strukturierten, gängigen und maschinenlesbaren Format zu erhalten“.

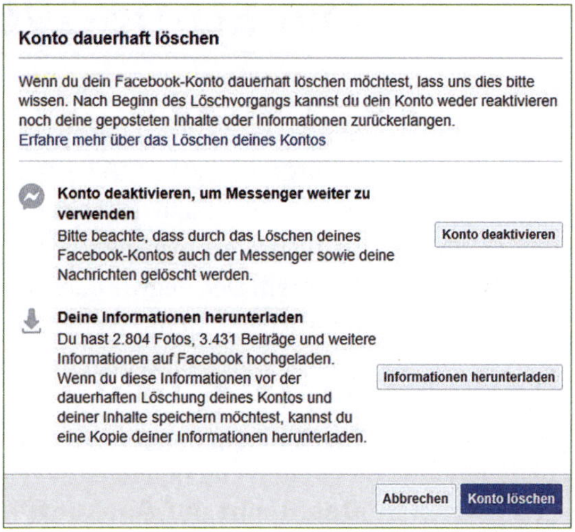

Sind die Daten wirklich gelöscht?

Informationen darüber, was Facebook aus Ihren Daten extrahiert hat, ob und wie diese mit anderen Daten zusammengeführt wurden usw., werden Sie darin vergeblich suchen. Und wann die Löschanforderung tatsächlich physisch umgesetzt wird, die Daten also wirklich von den Facebook-Servern verwunden sind, das steht in den Sternen. Auch wenn Facebook warnt, dass das Löschen des Kontos unumkehrbar ist: Innerhalb von 30 Tagen können Sie sich weiterhin anmelden und die Löschung stoppen. Mindestens so lange sind die Daten also immer noch verfügbar.

Das ist ein allgemeines Problem, nicht nur bei sozialen Netzwerken: Eine Löschung anfordern ist das eine, einen Nachweis zu haben, dass diese tatsächlich durchgeführt wurde, das andere. Selbst wenn Sie einzelne Beiträge oder Datensätze selbst löschen, bedeutet das nicht, dass diese nicht mehr vorhanden sind. Sie werden Ihnen nur nicht mehr angezeigt. Wenn Sie auf Nummer sicher gehen wollen, ist es also besser, die Daten gar nicht erst preiszugeben.

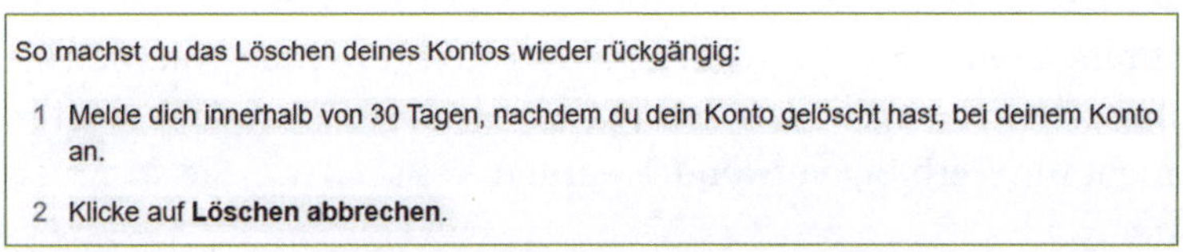

Die EU-DSGVO: Ihre Rechte

Seit Mai 2018 gilt in Europa einheitlich die EU-Datenschutz-Grundverordnung (EU-DSGVO). Das Ziel: Den Datenschutz in Europa auf einen einheitlichen Standard zu heben und für die Betroffenen einheitliche Rechte gegenüber denen zu erreichen, die ihre Daten verarbeiten. Der Begriff der „Betroffenen" allein spricht schon eine deutliche Sprache: Wer seine personenbezogenen Daten herausgibt, ist potenziell Opfer derjenigen, die sie verarbeiten. Dass dieser Eindruck nicht vollkommen falsch ist, haben Sie in den vergangenen Kapiteln bereits sehen können.

Das Recht auf Auskunft

Neben den schon beschriebenen Möglichkeiten, die Menge und Verbreitung der Daten zu reduzieren, gibt die DSGVO Ihnen eine Vielzahl von Rechten, darunter in Artikel 15 das Auskunftsrecht:

→ Auskunftsrecht

Die betroffene Person hat das Recht, von dem Verantwortlichen eine Bestätigung darüber zu verlangen, ob sie betreffende personenbezogene Daten verarbeitet werden; ist dies der Fall, so hat sie ein Recht auf Auskunft über diese personenbezogenen Daten […]

Anschließend wird detailliert aufgeführt, über welche Informationen Sie Auskunft verlangen können. Das betrifft beispielsweise folgende Punkte:

- **Den Zweck der Verarbeitung:** Was macht der Anbieter mit Ihren Daten? Dies muss sehr genau festgelegt werden. Nur, weil Sie beispielsweise eine Ware bestellt haben, dürfen Ihre Adressdaten nicht für Werbung verwendet werden – es sei denn, Sie stimmen dem zu.

- **Die Kategorien von Daten:** Hier können gleichartige Daten zusammengefasst werden, wie beispielsweise „Adressdaten“ und „Zahlungsdaten“.
- **Die Empfänger Ihrer Daten:** Sie stimmen nur der Verarbeitung bei Ihrem Vertragspartner zu. Der wiederum setzt aber andere Dienstleister oder Partnerunternehmen ein.
- **Die Dauer der Speicherung:** Wenn der Anbieter die Daten nicht mehr benötigt, muss er sie löschen. Die Löschfrist kann er in engen Grenzen beeinflussen.
- **Die Quelle der Daten:** Manche Daten geben Sie nicht selbst preis, sondern der Anbieter besorgt sie sich aus anderen Quellen. Dann muss er Ihnen auch mitteilen, welche Quellen das sind.

Wie Sie Auskunft erhalten

Sie haben also als „Eigentümer“ Ihrer personenbezogenen Daten das Recht, Auskunft von jedem Dienstleister zu verlangen, der diese Daten verarbeitet. Die Anlaufstelle für eine Anfrage ist immer die Datenschutzerklärung der Webseiten. Diese finden Sie meist am unteren Ende der Webseite in der Nähe des Impressums.

Eine Datenschutzerklärung enthält ganz am Anfang die Angaben zur „verantwortlichen Stelle“, also die Firma oder die Einzelperson, die für die Verarbeitung der Daten verantwortlich ist. Dort sollte auch die zuständige Aufsichtsbehörde wie auch der Ansprechpartner für den Datenschutz aufgeführt sein. Wenn Sie Fragen haben, Auskunft über die über Sie gespeicherten Daten verlangen wollen, der Datenspeicherung widersprechen oder die gespeicherten Daten korrigieren lassen wollen: Nutzen Sie die Kontaktmöglichkeiten!

Verantwortlicher

Soweit über die Internetseiten von test.de personenbezogene Daten verarbeitet werden, ist Verantwortlicher gemäß Art. 4 Nr. 7 der Datenschutzgrundverordnung (DSGVO):

Stiftung Warentest
Lützowplatz 11–13
10785 Berlin

(siehe auch Impressum)

Datenschutzbeauftragte

Unsere Datenschutzbeauftragte können Sie über folgende E-Mail-Adresse kontaktieren: datenschutzbeauftragte@stiftung-warentest.de.

Zurück zum Anfang

Im Normalfall bekommen Sie relativ kurzfristig eine Rückmeldung, dass Ihre Anfrage eingegangen ist. Das Zusammenstellen der Daten ist für die meisten kleinen und mittelständischen Unternehmen kein Automatismus. Das Bestellsystem, die Rechnungslegung, E-Mail, die Kundenverwaltung, all das sind oft unterschiedliche Systeme, die an unterschiedlichen Orten installiert sind. Geben Sie den Unternehmen also ein wenig Zeit.

Was tun, wenn Sie keine Auskunft erhalten?

Die Erfahrung zeigte allerdings, dass viele – auch namhafte – Unternehmen die Auskunftspflicht nicht sonderlich ernst nahmen. Die Stiftung Warentest hatte im Jahr 2019 quer über Branchen und Unternehmensgrößen den Test gemacht und damals deutliche Mängel festgestellt: Von gar keiner bis hin zu unvollständiger oder gar falscher Auskunft war damals alles dabei. Mehr über den Test erfahren Sie unter www.test.de/Datenauskunft-5474639-0.

Wenn Sie also lange vergeblich auf die Auskunft warten oder diese nicht ausreicht, können Sie sich an die Datenschutz-Aufsichtsbehörden wenden und dort anzeigen, dass Ihrem Recht nicht entsprochen wurde. Die Aufsichtsbehörden werden sich irgendwann mit dieser Anfrage beschäftigen. Das dauert jedoch relativ lange, denn die Behörden sind mit Meldungen von Datenschutzverletzungen und Prüfungen mehr als ausgelastet.

Auskunft im Self-Service

Größere Unternehmen bieten einen Self-Service an, mit dem Sie selbst in Ihrem Konto die über Sie gespeicherten Daten anfordern können. Möglich ist das zum Beispiel bei Facebook (die Anleitung finden auf S. 140) und Amazon. Bei Amazon finden Sie diese Funktion unter *Kundenservice, Datenschutz, Wie fordere ich meine Daten an?*. Sie können entweder einzelne Datenkategorien (wie zum Beispiel Bestellungen und Ihre Suchen) anfordern oder die kompletten gespeicherten Daten.

Das Recht auf Löschung

Was passiert nun, wenn Sie Daten finden, die falsch sind oder gar nicht dort hingehören, etwa weil Sie das Kundenverhältnis beendet haben? Sie können auf demselben Weg die Berichtigung bzw. Löschung einfordern. Das „Recht auf Löschung" nach Artikel 17 der DSGVO hat aber eine Besonderheit: Es gilt, vereinfacht gesagt, dann nicht, wenn die Speicherung aufgrund von anderen Gesetzen nötig ist. Das können das Handelsgesetzbuch (HGB), Sozial- und Steuergesetze sein. Bis Ihre Daten komplett gelöscht werden können, kann es also durchaus mehrere Jahre dauern.

Das Internet vergisst nichts, oder?

Nicht nur einzelne Anbieter speichern Ihre persönlichen Daten, sondern auch das Internet selbst: über die Suchmaschinen, die in schöner Regelmäßigkeit einen Index über die Webseiten bilden. Diese Suchergebnisse enthalten auch persönliche Daten.

Richtungsweisend war der Fall des spanischen Hausbesitzers Mario Costeja González, der 1998 unter seinem Namen einen Link auf die Webseite einer Tageszeitung fand, in dem er als Besitzer eines Hauses aufgeführt wurde, das gepfändet wurde. Die Schulden waren zu diesem Zeitpunkt bereits getilgt, aber die Googlesuche führte immer noch auf diese Webseite. Jeder, der nach seinem Namen googelte, bekam so den Eindruck einer Zahlungsunfähigkeit.

Nachdem sich sowohl die Zeitung als auch Google weigerten, den Links zu löschen, zog der Betroffene vor Gericht und bekam am Ende recht: Google musste die Einträge löschen. Die Möglichkeit, Einträge löschen zu lassen, haben seitdem zumindest Betroffene in der EU – und nicht nur gegenüber Google. Allerdings hat der BGH 2023 entschieden, dass dies nur für Artikel gilt, die „offensichtlich unrichtig sind". Korrekte Artikel müssen Sie also hinnehmen!

Info

Egosurfing: Suchen Sie regelmäßig nach Ihrem Namen, um eine Übersicht zu bekommen, was das Internet über Sie weiß. Da Google Suchergebnisse an Ihrem Profil ausrichtet, nehmen Sie eine anonyme Suchmaschine wie impersonal.me. Diese stellt die Google-Suchergebnisse neutral dar. Außerdem können Sie festlegen, aus welcher Landessicht die Suche erfolgen soll. Aus Deutschland sehen die Suchergebnisse deutlich anders aus als beispielsweise aus den USA.

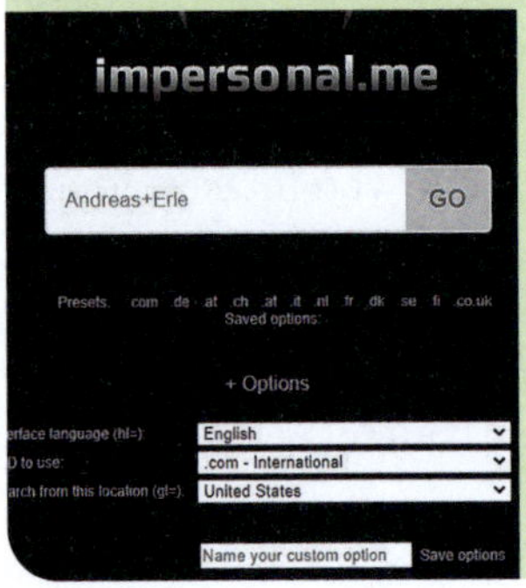

Wenn Sie Suchergebnisse über sich finden, die Sie als nicht mehr zutreffend, veraltet oder falsch ansehen, und eine Staatsbürgerschaft oder einen Wohnsitz in der EU haben, können Sie über ein Google-Formular die Löschung dieses Eintrags aus den Suchergebnissen beantragen. Seien Sie sich aber darüber im Klaren, dass es nach diesem Antrag zur Löschung einige Zeit dauert, bis der entsprechende Eintrag bei der Suche nicht mehr gefunden wird. Denken Sie außerdem daran, dass Sie die gleiche Anfrage auch an Bing und alle anderen Suchmaschinen richten müssen, die einen eigenen Index erstellen und in denen das Suchergebnis auftaucht.

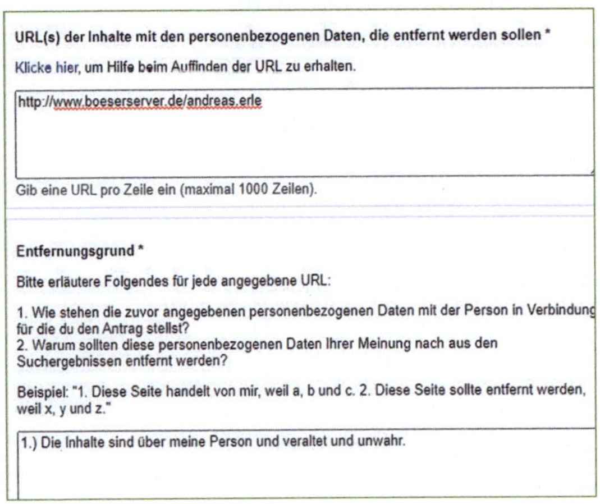

URL(s) der Inhalte mit den personenbezogenen Daten, die entfernt werden sollen *

Klicke hier, um Hilfe beim Auffinden der URL zu erhalten.

http://www.boeserserver.de/andreas.erle

Gib eine URL pro Zeile ein (maximal 1000 Zeilen).

Entfernungsgrund *

Bitte erläutere Folgendes für jede angegebene URL:

1. Wie stehen die zuvor angegebenen personenbezogenen Daten mit der Person in Verbindung, für die du den Antrag stellst?
2. Warum sollten diese personenbezogenen Daten Ihrer Meinung nach aus den Suchergebnissen entfernt werden?

Beispiel: "1. Diese Seite handelt von mir, weil a, b und c. 2. Diese Seite sollte entfernt werden, weil x, y und z."

1.) Die Inhalte sind über meine Person und veraltet und unwahr.

Big-Data-Nutzung – zum Wohl der Allgemeinheit?

Nun haben Sie viel über die Unmengen an persönlichen Daten gelesen, die im Internet und den sozialen Netzwerken herumgeistern. Das macht betroffen, nachdenklich und vielleicht sogar besorgt. Doch auch hier gibt es noch eine andere Seite, die nicht unerwähnt bleiben sollte: Je größer die Datenmenge, desto sicherer die Aussagen, die sich auf dieser Grundlage treffen lassen. So verbirgt sich im Internet auch eine große Menge von Wissen und eine Datenbasis für Auswertungen, die sonst nicht möglich wären.
Während Sie dieses Buch lesen, erleben Sie viele Beispiele dafür, wie solche Massendaten, auch Big Data genannt, zum Wohle der Allgemeinheit genutzt werden könnten – und welche Debatten eine weniger dem Gemeinwohl dienende Nutzung entfacht – wenn Unternehmen fremde Inhalte aufsaugen und sie anschließend gegen Geld als etwas eigenes anbieten.

Die Grundidee von Big Data

Big Data hat auf der einen Seite einen durchaus positiven Grundgedanken: Warum Informationen neu erheben oder mühsam suchen, wenn sie doch schon lange irgendwo vorliegen. Schließlich hat sich bei deren Erhebung ja jemand etwas gedacht und viel Aufwand hineingesteckt.
Was dabei aber oft untergeht: Big Data basiert auf der Idee der automatischen Verarbeitung von Datenquellen und der möglichst schnellen und aufwandsneutralen Zusammenführung von Informationen. Da bleibt wenig Zeit, um diese Datenquellen in Ruhe zu Sichten und deren Qualität zu kontrollieren. Die logische Konsequenz: Je schlechter die Qualität der Quellen ist, desto schlechter auch die Qualität des Gesamt-Datenschatzes.

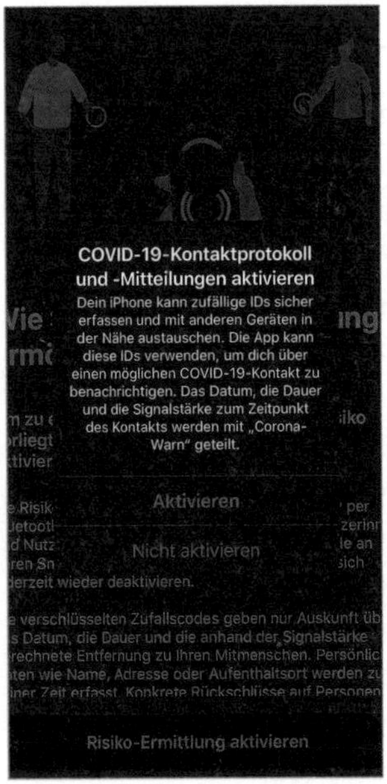

Wie Daten den Gesundheitsbehörden halfen

Im Zuge der Coronakrise war man anfangs der Ansicht, dass die Infektionswege recht einfach nachzuvollziehen seien. Mit der Zeit erwies sich das jedoch als immer schwieriger, bis die Gesundheitsbehörden immer mehr an ihre Grenzen kamen und ins Hintertreffen gerieten.

So entstand die Idee der Corona-App. Unser aller treuer Begleiter sammelte darüber Daten, die gleichzeitig nicht personenbezogen waren. Sowohl in iOS als auch in Android wurde schnell eine Programmierschnittstelle direkt im System umgesetzt, die die Corona-Apps nutzen konnten. Das sorgte dafür, dass die Anonymität und Sicherheit der Daten schon seitens des Betriebssystems sichergestellt ist. Entwickelte Apps werden zudem vor der Veröffentlichung im App bzw. Play Store noch mal auf Herz und Nieren geprüft.

Am Ende äußerten sich selbst kritische Experten wie die Netzaktivistin Anke Domscheit-Berg und der Chaos Computer Club (CCC) positiv über die offizielle Corona-Warn-App.

Positive Beispiele für Big Data

Die Corona-App ist deshalb ein positives Beispiel, denn hier wurden sehr hohe Anforderungen an die eingelieferten Daten gestellt: Nur bei positivem, zertifiziertem Test bekam der Erkrankte einen Code mitgeteilt, den er dann in die App eingeben konnte. Falschmeldungen waren damit nahezu ausgeschlossen.

Auch die Wikipedia als Sammelbecken für Schwarmwissen bedient sich derselben Schwarmintelligenz, um die Artikel einer Qualitätssicherung zu unterziehen. Auch wenn Artikel erst einmal eingestellt werden, kommen immer wieder Überarbeitungen und Kritik aus der Community, die eine Überarbeitung oder gar Löschung von Artikeln minderer Qualität bewirken.

Negative Beispiele von Big Data

Was bei ausbleibender Qualitätssicherung passieren kann, zeigen die Beispiele von Common Crawl und LAION. Common Crawl erstellt seit mehr als 15 Jahren Datenbanken von Inhalten, die im Internet verfügbar sind. Dazu greift der Dienst wie eine Suchmaschine die Internetinhalte ab und stellt sie zur Verfügung.

Das ist auf der einen Seite schon eine Herausforderung für das Urheberrecht – nur, weil Informationen frei im Internet zugänglich sind, haben die Urheber noch längst nicht einer Weiterverwendung zugestimmt.

Auf der anderen Seiten hatte es erst kürzlich noch weitere Auswirkungen: Viele der Daten, die gesammelt werden, sind ohne jede Qualitätssicherung. Auf einer privaten Webseite, auf der wirre Verschwörungstheorien verbreitet werden, in Diskussionsforen, wo nur die Meinung und nicht Fakten relevant sind ist oft die Wahrheit schwer zu finden. Trotzdem: All diese Quellen gehen in diese Datenbank ein.

Wie verlässlich können KI-Chatbots wie ChatGPT und Co. sein, wenn sie zumindest teilweise auf Basis von solchem Unsinn entscheiden? Und noch mehr: Auch sensible Informationen, die Sie im Internet zur Verfügung gestellt haben, fließen dort hinein: Fotos, Bildunterschriften, Tags, die teilweise sehr privat sind.

LAION wiederum baut aus den Common Crawl-Datenbanken Modelle unter anderem für KI-Bildgeneratoren, die mit all diesen Informationen gefüttert werden. Nicht zuletzt werfen die KI-Bildgeneratoren die Frage nach Urheberrecht und Kreativität ganz neu auf. Ist ein generiertes Bild, das auf Bildern unzähliger (ungefragter) Künstler aufbaut, ein neues Werk – so wie letztlich auch menschliche Kreativität funktioniert? Oder besteht hier Diebstahl geistigen Eigentums? Gerichtsurteile hierzu stehen noch aus.

Für uns wird es eine neue Herausforderung: Unsere Daten gelangen in die Hände großer Unternehmen, die damit ihre eigenen Zwecke vorantreiben. Eine Kontrolle darüber haben wir nicht mehr.

Smartes Phone, gläserner Nutzer

Unser Smartphone ist bester Freund, treuester Begleiter, Erinnerung und erweitertes Gehirn, kurz: das größte Sammelbecken an Daten, das denkbar ist. Für viele aber immer noch gefühlt „ein Telefon". Mit wenig Aufwand können Sie Einfluss nehmen und sich für andere weniger sichtbar machen. Bis zu einem gewissen Grad können Sie selbst entscheiden, welche Daten Ihr Smartphone sammelt und weitergibt.

Ein Gerät für alles

Smartphones sind schon lange keine reinen Telefone mehr. Der Trend zu den „Converged Devices“, Geräten, die viele verschiedene Geräte zu einem zentralisieren, ist schon viele Jahre ungebremst im Gange. Können Sie sich noch an die Zeiten erinnern, als Sie Ihr Mobiltelefon, einen Fotoapparat, einen MP3- oder CD-Player, ein portables Navigationssystem, einen Kalender und ein Adressbuch separat mitgenommen haben? Alle diese Geräte hatten auch damals schon Ihre persönlichen Daten im Bauch, nur waren diese eben voneinander getrennt gespeichert. Durch die Zentralisierung all dieser Funktionen kommen auch die Daten zusammen. Die Menge an Informationen und deren Aussagekraft haben damit deutlich zugenommen. Grund genug, auf dem Smartphone sehr genau darauf zu achten, welche Daten erhoben werden und wohin diese gehen.
Ihr Smartphone hat hier eine Vielzahl von Sensoren, die – neben den Apps, die Daten während der Nutzung erheben und verarbeiten – eine Menge über Ihren Alltag verraten können.

Die Position

Auf einem Desktop-PC oder Mac-Desktop ist die Position nicht interessant. Das Gerät steht an einem festen Ort, und normalerweise ist dieser leicht durch das Adressbuch herauszubekommen. Bei mobilen Geräten ist das deutlich anders: Sie haben sie im Rucksack, in der Hosen- oder Jackentasche und machen sich meist keine Gedanken darüber. Die Geräte sind unmerklich dabei und erfassen Daten. Zum Beispiel die Position: Nicht nur das GPS, auch die WLAN-Informationen liegen ja kontinuierlich vor. Wenn Sie das GPS und die WLAN-Funktion ausschalten, dann sind Sie – wenn Sie Ihr Gerät nicht aktiv nutzen – vermeintlich auf der sicheren Seite. Allerdings haben Sie dann bei einem Smartphone immer noch die Mobilfunkfunktion aktiviert, sonst lässt sich ein Mobiltelefon ja nicht nutzen. Auch darüber lässt sich die Position bestimmen. Nicht exakt, aber wie bei den WLANs zumindest ungefähr. Hier werden statt der empfangenen WLANs und deren Stärken dann die Funkzellen verwendet.

Info

Der Bewegungssensor: Die meisten Smartphones haben auch einen Bewegungssensor, der eigentlich hauptsächlich der Nutzung von Fitnessfunktionen und der Systembedienung dienen soll: Kurze, heftigere Erschütterungen werden als Schritte gewertet, und durch die Bewegung des Geräts mit einer bestimmten Geschwindigkeit und Richtung bzw. durch die Lage des Geräts wird zum Beispiel die automatische Ausrichtung ins Hoch- oder Querformat ausgelöst. Auch diese Informationen lassen Aufschluss darüber zu, wie Sie sich bewegen. Das mögen nur unwichtige Daten sein, die Summe der Informationen aber formt schließlich das Gesamtbild.

Mikrofon und Kamera

Wie bei anderen Geräten sind Mikrofon und Kamera auch bei Smartphones mit an Bord und können Daten erfassen. Sie schießen ein Foto, darin wird das Geotag erfasst und die Umgegend. Ihr Smartphone weiß damit, wann Sie wo waren.

Auch das Mikrofon spielt eine nicht unerhebliche Rolle: Ohne können Sie gar nicht telefonieren. Allerdings bietet es auch die Möglichkeit, dass Sie abgehört werden.

→ Kein Abhören ohne Zustimmung

Das Abhören geschieht nicht einfach so, ohne Zustimmung und aus dem Off. Ihre Zustimmung geben Sie jedoch oft, in vielen Fällen leichtfertig, nämlich dann, wenn es um eine tolle, kostenlose App geht. Diese hat Nutzungsbedingungen, die Sie einmal akzeptieren müssen, sonst kann die App nicht starten. Hand aufs Herz: Lesen Sie sich diese genau durch?

Anfang 2019 wurde beispielsweise bekannt, dass eine Software namens Alphonso in über 1000 Apps integriert war. Der dahinterstehende Dienst sorgte für benutzerspezifische Werbung: Beim Start einer App, die Alphonso verwendet, wurden die ersten 15 bis 20 Sekunden Geräusche über das Mikrofon aufgenommen und danach ca. alle 15 Minuten jeweils wieder 15 Sekunden. Ohne weiteren Hinweis, versteht sich. Aus den Geräuschschnipseln wurde ein Fingerabdruck erstellt, der dann an die Alphonso-Server übermittelt wurde. Diese Daten können dazu verwendet werden, passende Werbung zu schicken. Wie auch immer die Analyse stattfand und welche Merkmale zu einem Fingerabdruck führten, dass komplette Aufzeichnungen übermittelt wurden, ist unwahrscheinlich. Diese würden vermutlich zu viel Datenvolumen verbrauchen. Dennoch ist diese Funktion bedenklich. Bei allen analysierten Apps, die Alphonso verwenden, wurde die Funktionsweise erklärt und der Nutzer musste sie bestätigen. Nur hat das kaum jemand wirklich gelesen und verstanden!

Apple Pay und Google Pay

Neuerdings können Sie Ihr Smartphone auch als virtuelle Kreditkarte einsetzen: Apple Pay und Google Pay bieten die Möglichkeit, eine Kreditkarte eines teilnehmenden Bankinstituts auf dem

Smartphone zu hinterlegen. Der NFC-Chip des Smartphones kann dazu verwendet werden, kontaktlos bei unterstützenden Händlern mit dem Handy zu zahlen. Das Smartphone wird dann einfach auf das Lesegerät gelegt und autorisiert die Zahlung.

→ Sicherheitsrisiko oder mehr Sicherheit?

Nun würde man meinen, dass hier die Sicherheit infrage stehen würde. Spannenderweise ist die allgemeine Bewertung eine andere: Apple wie auch Google ersetzen die Kreditkarte durch eine virtuelle Kreditkarte. Der Händler bekommt nicht einmal die echte Kreditkarte zu sehen. Hinzu kommt, dass – zumindest bei Apple Pay – ein zusätzlicher Schutz eingerichtet werden kann. Eine verlorene Kreditkarte ist bis zu ihrer Sperrung oder der Erreichung des Limits weiter nutzbar. Beim Smartphone zieht dann zusätzlich die Sicherung des Geräts, egal ob es nun die PIN, der Fingerabdruck oder der Gesichtsscan ist. Die muss zunächst überwunden werden, bevor eine Zahlung freigegeben werden kann.

Google verleibt die Transaktionsdaten dem allgemeinen Datenschatz ein, auch wenn man Google Pay eigentlich nur zur Abrechnung, aber nicht für Werbung oder andere Zwecke verwenden möchte. Apple auf der anderen Seite soll nicht einmal die Einzelheiten der Transaktionen übermittelt bekommen. Einzig die Position der Läden, in denen per Apple Pay gezahlt wird, kann übertragen werden. Das können Sie in den Einstellungen der Apple Wallet-App ausschalten.

Wie auch immer die Anbieter genau damit umgehen, das Zahlen mit dem Smartphone erzeugt zumindest auf dem Gerät selbst Daten, die – wenn sie ausgewertet würden – eine Menge über Sie aussagen können. Allerdings ist hier die Abhilfe deutlich leichter als bei den anderen Datenquellen: Verzichten Sie einfach darauf, die Zahlfunktion Ihres Smartphones zu nutzen. Dann fallen diese Daten erst gar nicht an.

Mit dem Google-Konto unterwegs

Google als Dienst ist auf den vorangegangenen Seiten ja schon häufiger ein Thema gewesen, doch im Zusammenhang mit Ihrem Smartphone wird das Ausmaß der Daten, die Sie (un)freiwillig zur Verfügung stellen, erst so richtig deutlich. Nimmt man die Zahlen von Ende 2019, dann hat Google Chrome als Browser einen Marktanteil von knapp 66 Prozent. Knapp 70 Prozent der Smartphones laufen mit Googles Android-Betriebssystem und fast 90 Prozent der Suchanfragen laufen über Google als Suchmaschine. All diese Dienste (und noch viele weitere) haben eine gemeinsame Klammer: das Google-Konto.

Ihre Daten im Google-Konto

Die Wahrscheinlichkeit, dass Sie einen Google-Dienst nutzen und dafür irgendwann einmal ein Google-Konto angelegt haben, ist riesig. Ist das der Fall, dann haben Sie – wenn man eine positive Sicht wählen will – alle Daten an einem Ort. „Ihr Konto", das ist die Übersichtsseite, auf der Google Zugang zu allen von Ihnen gespeicherten Informationen gibt. Zumindest zu denen, die Sie sehen sollen. Interne Dinge, die Google aus den Daten ableitet, sind für den Benutzer natürlich nicht zugänglich.
Wieder einmal kann der hypothetische Einbrecher herhalten, um zu veranschaulichen, wie viel hier verraten wird: Wo ich wohne, erfährt er in meinen Kontodaten. In zwei Wochen bin ich im Urlaub, wie mein Google-Kalender zeigt. Hin- und Rückflug sind allerdings leicht verschoben, das hat Google aus meinen E-Mails in Google Mail ausgelesen. Der Zeitraum für einen Einbruch in meine Wohnung lässt sich schon mal grob abschätzen. Um aber ganz sicher zu sein: Ich habe genau in der Mitte meines Urlaubs eine Schiffsfahrt

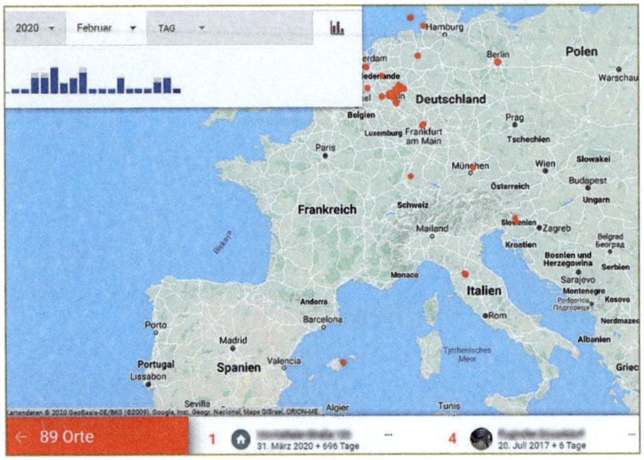

auf eine einsame Insel gebucht, nach der ich zunächst lange über Google gesucht und die ich dann über Google Pay bezahlt habe. Natürlich könnte es sein, dass ich die Reise storniere. Wenn der Einbrecher also ganz sicher sein will, dass ich bei seinem Besuch nicht zu Hause bin: Mein Standortverlauf zeigt relativ aktuell meine Position an.

All diese Daten liegen bei Google in Ihrem Konto. Dennoch ist das oben beschriebene Szenario natürlich eher unwahrscheinlich – davon ausgehend, dass Google diese Daten nicht ungeordnet teilt und dass Sie Ihr Passwort nicht verlieren, nicht weitergeben und das Konto nicht kompromittiert wird. Dennoch zeigt es, dass die schiere Menge an unterschiedlichen Informationen, die über Jahre mitgeführt werden, nahezu über alle Bereiche Ihres Lebens Aussagen zulassen. Die gute Nachricht: Sie können sich zum einen relativ schnell einen Überblick darüber verschaffen, welche Daten Google über Sie gespeichert hat, und zum anderen durchaus Einfluss auf die gespeicherten Daten nehmen.

Der Privatsphäre-Check

Innerhalb von *Einstellungen*, *Google*, *Google-Konto verwalten*, *Daten und Datenschutz* ist der *Privatsphärecheck* der zentrale Anlaufpunkt. Hier können Sie viele Einstellungen deaktivieren. Letztlich ist das Vertrauenssache, sie können die Umsetzung nicht überprüfen. Es ist nicht anzunehmen, dass im Geheimen weiter Daten erhoben werden, denn das wäre – zumindest in der EU dank der DSGVO – nicht zulässig und mit hohen Bußgeldern bewehrt. Rein technisch aber ist es möglich. Hier entscheiden Sie unter anderem:

Web- & App-Aktivitäten

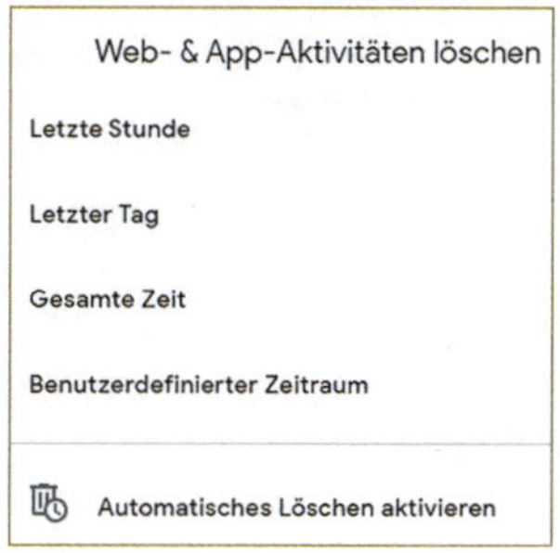

Die *Web- & App-Aktivitäten* fassen alles zusammen, was im Zusammenhang mit Google-Diensten steht. Dazu gehören die Suche, die Nutzung von Google Maps und der Google Play Store. Diese können Sie entweder deaktivieren oder einschränken, wenn Sie auf *Einstellung ändern* klicken. Sie können vordefinierte Bereiche jederzeit manuell löschen. Wenn Sie der Datenflut Herr werden wollen, dann klicken Sie auf *Automatisches Löschen aktivieren*. Hier stehen drei Monate, 18 Monate und unbegrenzte Speicherung bis zum manuellen Löschen zur Auswahl. Das manuelle Löschen der Aktivitäten können Sie zentral durchführen. Die Anleitung dazu finden Sie auf S. 159.

Der Standortverlauf

Über *Standortverlauf verwalten* können Sie über den Schalter neben *Standortverlauf* selbigen ausschalten. Hier stoßen Sie noch auf eine Besonderheit: Da der Standortverlauf über jedes mobile Gerät erfasst werden kann, können Sie diesen auch für jedes Gerät, das mit den Google-Diensten verbunden ist, einzeln aktivieren und deaktivieren.

Die Bezeichnungen sind hier ein wenig kryptisch: Unter anderem bei Samsung-Geräten werden die internen Modellbezeichnungen verwendet. Wenn Sie den Standortverlauf nur für eines der Geräte ausschalten wollen, dann können Sie dessen Bezeichnung entweder in den Einstellungen des Geräts oder durch eine Google-Suche nach der Modellbezeichnung ermitteln.

Der YouTube-Verlauf und Werbung

Wenn Sie YouTube (ebenfalls ein Dienst von Google) nutzen, protokolliert Google sowohl die Suchanfragen nach Videos im Suchfeld von YouTube wie auch die angesehenen Videos. Auch das können Sie ausschalten.

Ebenfalls können Sie die Personalisierung der Werbung aktivieren oder deaktivieren. Wenn Sie jetzt denken, dass Sie damit die Menge der Werbung beeinflussen können, dann ist das ein Irrtum. Sie können nur festlegen, ob die Werbung an den personenbezogenen Daten, die Google von Ihnen hat, ausgerichtet wird. Interessant ist allerdings die darunter stehende Liste der Annahmen, die Google aufgrund Ihrer Nutzung der Dienste trifft: Ganz detailliert sehen Sie Ihre Vorlieben, Interessen und soziodemografischen Informationen. Beängstigend, wie genau diese sind! Wenn Sie für Sie passendere Werbung möchten, dann können Sie einzelne Faktoren durch Anklicken entweder verändern oder durch einen Klick auf *Deaktivieren* entfernen. Werbung bekommen Sie trotzdem, bei deaktivierter Personalisierung ist diese dann eben nur deutlich weniger relevant für Sie – falls Sie Werbung überhaupt als relevant ansehen.

Sucheinstellungen

Weitaus mehr Relevanz als die Werbeeinstellungen haben die Einstellungen der Suche. Diese finden Sie im *Privatsphärecheck* ganz unten unter *Ähnliche Einstellungen*. Neben verschiedenen technischen Einstellungen zur Nutzung der Google-Suche können Sie hier festlegen, ob Ihre Suchergebnisse auf das Profil angepasst werden sollen, das Google von Ihnen erstellt hat. Wenn Sie dies deaktivieren, beeinflusst das zwar nicht die Priorisierung von gesponserten Ergebnissen, sorgt aber für ein neutraleres Suchergebnis.

Andere Aktivitäten

Google entwickelt sich, und so finden Sie unter den *Anderen Aktivitäten* eine Vielzahl weiterer Daten, die Sie in Google-Diensten hinterlassen. Nehmen Sie sich regelmäßig Zeit und schauen Sie sich an, was sich verändert hat und welche Daten hinzugekommen sind. Sollten hier neue Dienste automatisch so konfiguriert sein, dass sie Daten sammeln, können Sie das schnellstmöglich deaktivieren.

Löschen der Daten

Ihre Aktivitätsdaten können Sie im Google-Konto manuell entweder in einem benutzerdefinierten Zeitraum oder komplett löschen.

1 Gehen Sie unter *Google-Konto > Verwalten* auf *Daten und Datenschutz*.

2 Scrollen sie hinunter zum kleinen Feld *Meine Aktivitäten*.

3 Hier können Sie Ihre bestehenden Einstellungen sehen sowie Ihre Verläufe und gegebenenfalls gesammelten Daten aus der Vergangenheit.

4 Sie können *Aktivitäten durchsuchen* oder *nach Datum filtern*.

5 Klicken Sie auf den Abwärtspfeil und wählen Sie *Gesamte Zeit* aus – oder einen benutzerdefinierten Zeitraum.

6 Klicken Sie dann auf *Löschen*.

Anpassen Ihrer Informationen

In der Kontoübersicht finden Sie links in der Optionenleiste unter *Persönliche Daten* den Zugriff zu Ihren persönlichen Daten. Viele davon sind verpflichtend, dennoch können Sie sie verändern und bei vielen festlegen, wer sie sehen kann. Kontrollieren Sie diese

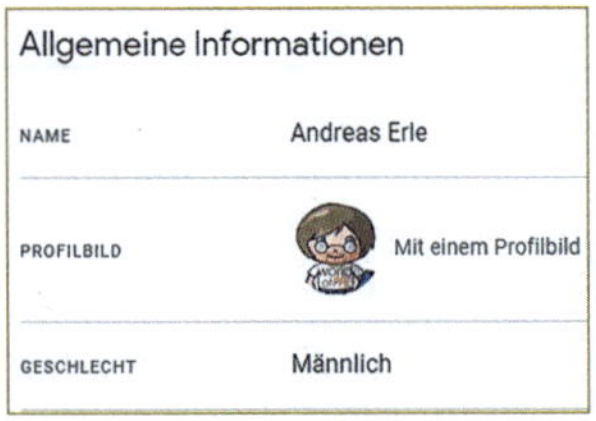

Daten regelmäßig: Wenn Sie das Profil vor Jahren angelegt haben, sind einige dieser Daten vielleicht falsch. Andere waren früher öffentlich sichtbar, können aber heute auf privat gesetzt werden und sind dann nicht mehr allgemein sichtbar. Auf diese Weise können Sie Ihren digitalen Fingerabdruck verkleinern.

Einstellungen auf dem Android-Smartphone

Auch Ihr Android-Smartphone selbst erlaubt es Ihnen, die Datenerfassung einzuschränken. Die Beschreibungen basieren auf Android 14, bei anderen Versionen sind sie aber ähnlich zu erreichen.

Datenschutz bei Android

Sie können die kompletten Privatsphäre-Einstellungen, die beim Google-Konto beschrieben wurden, auch direkt am Telefon einstellen. Dazu gehen Sie in die Einstellungen auf *Google*, dann auf *Google-Konto verwalten*. Unter *Daten und Datenschutz* sowie *Persönliche Daten* können Sie sich die *Datenschutz-Tipps* ansehen und die gewünschten Einstellungen vornehmen. Wenn es Ihnen nur um den Standortverlauf geht, können Sie diesen direkt unter *Einstellungen*, *Standort* deaktivieren.

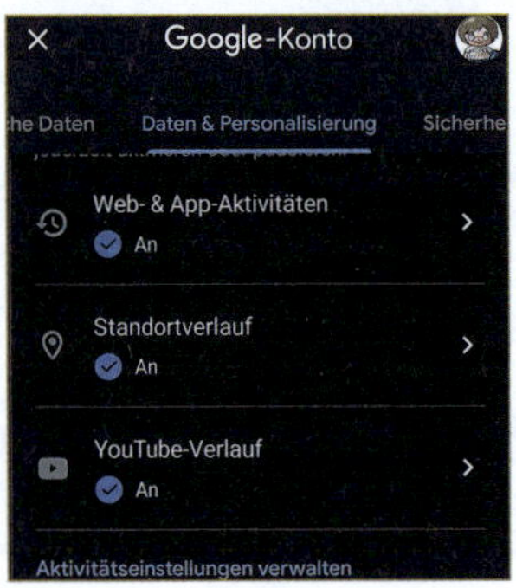

Zudem finden Sie unter *Einstellungen >Sicherheit und Datenschutz* Hinweise und gegebenenfalls Warnungen, wenn etwas aus Sicht des Systems nicht stimmt. Hier können Sie auch Berechtigungen für alle installierten Apps prüfen.

Spracherkennung ausschalten und Daten löschen

Google verwendet mit dem Google Assistant einen eigenen Sprachassistenten, der wie alle Apps dieser Kategorie sehr neugierig ist. Beim Google Assistant kommt noch hinzu, dass er Ihr Sprachverhalten lernt und bei jeder Aktivierung Ihr Sprachprofil verfeinert. Im Grunde eine nette Idee, leider aber um den Preis einer Audioaufnahme mit Nebengeräuschen, die an Google übermittelt wird.

In der Praxis haben die Sprachassistenten ohnehin einen eher eingeschränkten Nutzen. Gerade dann, wenn Sie den Sprachassistenten bisher kaum verwenden, ist es empfehlenswert, einzugreifen. Google ändert die Zugänge zu diesen Funktionen teilweise von Subversion zu Subversion von Android, daher kann es sein, dass diese Beschreibung ein wenig von den konkreten Schritten auf Ihrem Gerät abweicht.

1 Starten Sie den Google Assistant auf Ihrem Android-Gerät, indem Sie die *Assistant*-Taste drücken. Diese unterscheidet sich von Hersteller zu Hersteller, von Gerät zu Gerät.

2 Tippen Sie unten rechts auf das *Kompass*-Symbol.

3 Tippen Sie oben rechts auf Ihr Kontobild, dann auf *Einstellungen* und *Meine Daten bei Assistant*.

4 Rollen Sie dort weiter nach unten auf die *Spracheinstellungen*. Hier können Sie wie bei den anderen Web- und App-Aktivitäten anwählen, dass alle oder nur ältere Aktivitäten gelöscht werden sollen.

Zum Deaktivieren des Google Assistant müssen Sie einen etwas vertrackten Weg gehen (die Vermutung, dass das von Google durchaus so beabsichtigt wurde, ist naheliegend):

1 Starten Sie den Google Assistant auf Ihrem Android-Gerät, indem Sie die *Assistant*-Taste drücken.

2 Tippen Sie unten rechts auf das *Kompass*-Symbol.

3 Tippen Sie oben rechts auf Ihr Kontobild, dann auf *Einstellungen* und auf die Registerkarte *Assistant*.

4 Rollen Sie auf der Seite ganz nach unten und tippen Sie unter *Assistant-Geräte* auf *Smartphone*.

5 Tippen Sie auf *Sprachmodell* und dann auf *Sprachmodell löschen*.

6 Schalten Sie den Google Assistant aus.

Ausschalten der Ortung

Viele Android-Geräte bieten die Möglichkeit, bei Bedarf aus der Ferne gefunden zu werden. Dazu wird das GPS des Smartphones genutzt, um die Position in regelmäßigen Abständen an die Server eines Anbieters zu schicken. Das ist hilfreich, wenn Sie das Gerät verloren haben oder es gestohlen wurde. Auf der anderen Seite bedeutet es aber eine dauerhafte Überwachung. Auf Wunsch schalten Sie diese aus:

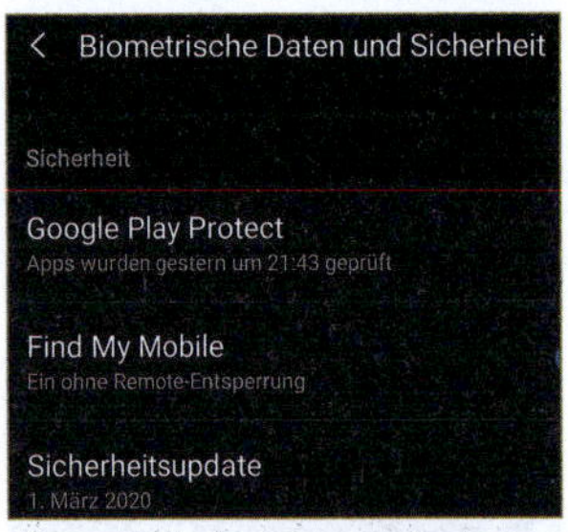

1 Tippen Sie in den *Einstellungen* von Android auf *Biometrische Daten und Sicherheit*.

2 Deaktivieren Sie den Schalter bei *Find My Mobile*.

Die Berechtigungen der Apps

Apps sind das Salz in der Suppe. Ohne sie macht ein Smartphone nur halb so viel Spaß und hat gegebenenfalls deutlich weniger Nutzen. Wenn Sie Ihre Apps über den Play Store von Google installieren, dann hat das den Vorteil, dass diese zumindest rudimentär auf Schadfunktionen geprüft werden. Doch auch wenn Google mit Play Protect seit kurzer Zeit eine noch engere Prüfung durchführt, finden sich immer wieder Apps im Store, die eine Schadfunktion mitbringen und unbemerkt Daten abgreifen.

Wann immer Sie eine App aus dem offiziellen Store installieren, sehen Sie unter dem Installationsfortschritt einen Hinweis auf die Prüfung durch Play Protect. Um jetzt weitere Kontrolle über die Möglichkeiten der App, Daten zu sammeln, zu bekommen, lassen Sie sich die Berechtigungen der App anzeigen und ändern sie auf Wunsch.

1 Dazu tippen Sie in den Android-*Einstellungen* auf *Apps*, dann bekommen Sie eine Liste der installierten Apps angezeigt.

2 Tippen Sie eine App an, um deren Berechtigungen sehen zu können.

3 Um eine Berechtigung zu ändern, tippen Sie darauf und wählen Sie *Zulassen* oder *Ablehnen*.

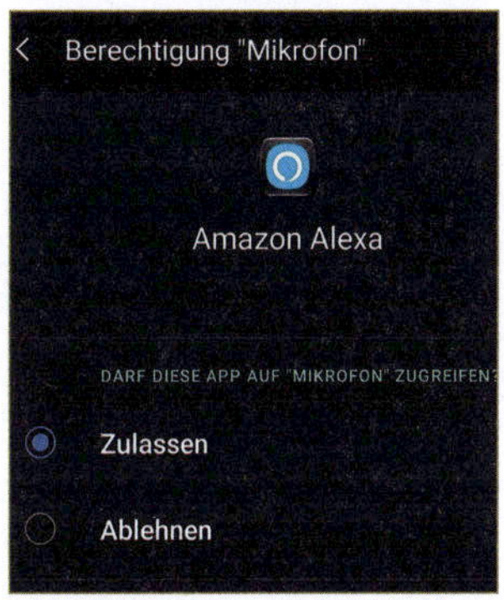

Sie können auch nicht zugelassene Berechtigungen für eine App über diesen Weg aktivieren. Das kann die Lösung sein, wenn eine App aufgrund einer fehlenden Berechtigung gar nicht oder nicht richtig funktioniert. Im Laufe der Zeit haben Sie Hunderte Apps installiert. Da ist es schwer, den Überblick zu behalten, und die Kontrolle der Berechtigungen jeder einzelnen App ist aufwendig. Android bietet hier einen alternativen Weg an: Sie können sich die Berechtigungen anzeigen lassen und dann alle Apps, die die jeweilige Berechtigung haben. So sehen Sie auf einen Blick, welche Apps kritische Berechtigungen (wie Kamera, Mikrofon und Position) haben.

1 Dazu tippen Sie in den Android-*Einstellungen* auf *Datenschutz* und dann auf *Berechtigungsverwaltung*. Jetzt bekommen Sie alle Berechtigungen in Form einer Liste angezeigt.

2 Tippen Sie eine Berechtigung an, um alle Apps zu sehen, die diese Berechtigung haben.

3 Um für eine App die Berechtigung zu entziehen, tippen Sie darauf und wählen Sie *Ablehnen*.

Überflüssige Apps deinstallieren

Apps sind der Hauptgrund dafür, dass Daten unberechtigt erhoben und/oder von Ihrem Gerät irgendwohin geschickt werden. Sie sollten daher in regelmäßigen Abständen die Liste der installierten Apps durchgehen und immer wieder kritisch hinterfragen, ob Sie die jeweilige App wirklich brauchen. Nicht nur, weil jede App Speicherplatz wegnimmt, sondern auch, weil sie wahrscheinlich Daten über Sie speichert.

Nutzen Sie eine App gar nicht, dann können Sie auch die Datensammlung beenden und Speicherplatz frei machen. Legen Sie dazu den Finger auf das App-Symbol und wählen Sie dann *Deinstallieren*. Schon ist die App verschwunden und im Normalfall sind auch deren Daten gelöscht.

Info

Daten einer App restlos löschen: Wenn Sie einmal den Verdacht haben, dass eine App kritische Daten gespeichert hat, und ganz sichergehen wollen, dass diese komplett weg sind, dann setzen Sie Ihr Android-Gerät zurück. Setzen Sie es neu auf, ohne ein Back-up zu verwenden – und natürlich, ohne die entsprechende App wieder zu installieren.

Alternative App-Stores für Android

Der Google Play Store ist die Standardquelle für Apps auf einem Android Smartphone. Wie bereits erwähnt, ist damit der Vorteil verbunden, dass zumindest teilweise eine Vorabkontrolle der Apps auf Schadfunktionen erfolgt. Der Nachteil ist die noch stärkere Bindung an Google.

Es gibt diverse andere Stores, die Apps anbieten. Dort finden Sie auch viele der Standard-Apps, auch wenn hier die ein oder andere bekannte App fehlt, so beispielsweise bei der Huawei App Gallery. Dieser App-Store wurde eher aus der Not geboren, weil der Hersteller Huawei bei den neuen Geräten keine Google Services mehr nutzen darf.

Interessant ist der Aurora Store. Dieser dient als Tor zum Google Store, lässt sich aber für den Download von kostenlosen Apps anonym mit einem Fake-Account (siehe S. 98) nutzen, sodass Google nicht weiß, dass Sie hinter diesem Download stehen. Nur bei kostenpflichtigen Downloads müssen Sie sich mit Ihrem Google-Konto anmelden.

→ Amazon statt Google?

Eine weitere vermeintliche Alternative ist der Amazon Appstore. Dieser wurde vor allem für die Amazon-eigenen Kindle-Geräte ins Leben gerufen, lässt sich aber auch von anderen Android-Geräten nutzen. Darauf umzusteigen, ändert jedoch nicht viel an Ihrer Lage, zumindest im Hinblick auf Ihre Privatsphäre. Denn damit ersetzen Sie die eine Datenkrake Google nur durch die andere Datenkrake Amazon.

Vorsicht vor Apps aus anderen Quellen

Eine weitere Möglichkeit, Apps zu installieren, ist das sogenannte Sideloading, also die Installation einer App aus einer Datei, die Sie von einer Webseite herunterladen. Das ist vergleichbar mit dem Download eines Programms auf einem Windows-PC, das nicht aus dem Windows Store stammt.

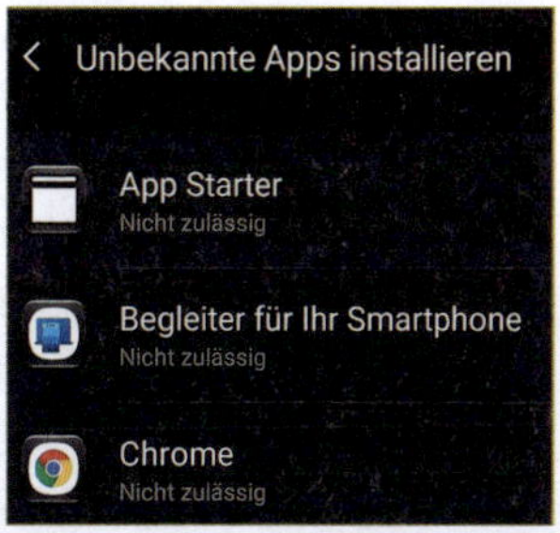

Das funktioniert nur, wenn Sie die Installation solcher Fremd-Apps explizit zulassen. Überlegen Sie sich das genau: Für die allermeisten Anwendungen gibt es eine Vielzahl offizieller Apps, oft muss es also gar keine App aus einer fremden Quelle sein. Aktivieren Sie die Installation von unbekannten Apps nur dann, wenn Sie sich ganz sicher sind, dass die Quelle vertrauenswürdig ist, und Sie die App auf jeden Fall brauchen. Tippen Sie dazu in den Einstellungen von Android auf *Biometrische Daten und Sicherheit*, dann auf *Unbekannte Apps installieren*.

→ Auf Nummer sicher gehen

Auch wenn das Sideloading in Einzelfällen sinnvoll sein kann, ist es ratsam, die entsprechende Einstellung zur Installation unbekannter Apps anschließend sofort wieder zurückzunehmen. So verhindern Sie, dass Sie später versehentlich Apps aus nicht vertrauenswürdigen Quellen installieren.

Custom ROMs

Android mit seiner Linux-DNA ist relativ offen für Spielereien unter der Motorhaube. Aus diesem Grund haben Sie die Möglichkeit, modifizierte Versionen von Android, sogenannte Custom ROMs, zu installieren. Die bringen nicht nur neue Funktionen und Systemeinstellungen, sondern teilweise auch deutlich verbesserte Datenschutzeinstellungen mit. Funktionen, die Sie normalerweise manuell im System deaktivieren müssen, werden hier schon von Anfang an abgeklemmt.

Die Installation eines Custom ROMs birgt jedoch auch Risiken: Zum einen ersetzt es das vom Hersteller installierte ROM (also das vorinstallierte Betriebssystem mit all seinen Treibern, Apps und Daten) und verletzt damit potenziell die Garantie. Auch ist die Installation selbst alles andere als gefahrlos. Zu guter Letzt sind Sie einmal mehr gefangen zwischen dem Vorteil, den die Installation eines alternativen ROMs mit sich bringt, und dem Risiko, dass Sie sich damit andere Probleme einfangen und neue Ansatzpunkte für den Zugriff auf Ihre Daten schaffen. Nicht nur beabsichtigte Lücken, sondern auch Bugs können hier vorkommen, schließlich sind die Custom ROMs Herzensangelegenheiten von Anwendern und meist keine über die Qualitätssicherung großer Unternehmen laufenden Projekte.

Einstellungen auf dem iPhone

Apple hat mit iOS einen etwas anderen Ansatz gewählt als Google: Während Android deutlich offener für Veränderungen und neue Apps ist, hat Apple einen eigenen Mikrokosmos geschaffen. Apps lassen sich im Standard nur aus dem App Store installieren, ein Aufbrechen dieser Einschränkung ist nur mit immensem Aufwand zu betreiben.
Trotzdem gibt es diverse Stellen, an denen Sie einen Einblick in die Datensammlung und -nutzung erhalten und auch Einfluss nehmen können, wenn Sie möglichst wenig über sich preisgeben wollen. Die folgenden Beschreibungen basieren auf iOS 17.

Spracherkennung ausschalten und Daten löschen

Apple war mit das erste Unternehmen, das mit Siri einen tief integrierten Sprachassistenten angeboten hat, der unter anderem auf dem iPhone und dem iPad vorinstalliert ist. Wie alle Sprachassistenten sammelt natürlich auch Siri eifrig Daten. Sie haben die Möglichkeit, die auf diese Weise gesammelten Informationen zu löschen. Diese Daten liegen in Form einer Suchhistorie in der iCloud.

1 Klicken Sie in den Einstellungen von iOS auf Ihr Kontobild, dann auf *iCloud*, *Accountspeicher*.

2 Rollen Sie auf der Seite ganz nach unten zu *Siri*.

3 Wenn Sie *Deaktivieren & Löschen* klicken und das noch einmal bestätigen, werden die Siri-Daten in der iCloud gelöscht und Siri wird dauerhaft deaktiviert. Sie kann erst wieder genutzt werden, wenn Sie sie wieder aktivieren.

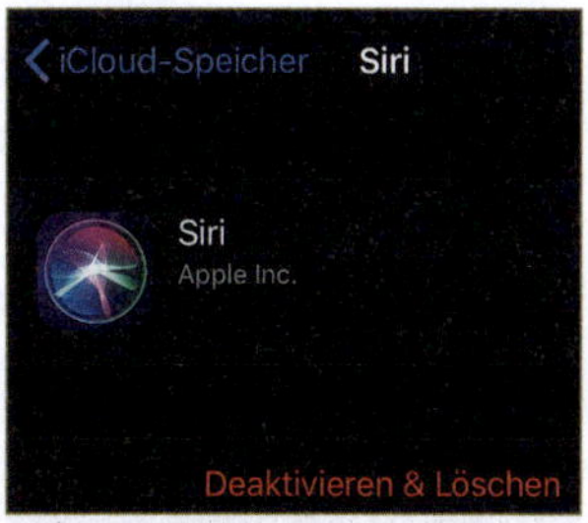

Dann wäre da noch der *Siri- und Diktierverlauf* auf dem iPhone oder iPad. Aufgenommene Sprachbefehle werden für das Diktieren von Text verwendet und zu Analysen herangezogen. Hier können Sie den Verlauf löschen:

1 Tippen Sie in den *Einstellungen* von iOS auf *Siri & Suchen*, dann auf *Siri- und Diktierverlauf*.

2 Tippen Sie nun auf *Siri- und Diktierverlauf löschen*.

Wenn Sie nicht möchten, dass die Daten aus diesem Verlauf ausgewertet werden, dann deaktivieren Sie diese Funktion:

1 Tippen Sie in den *Einstellungen* auf *Datenschutz*, dann ganz unten auf *Analyse und Verbesserungen*.

2 Deaktivieren Sie alle Optionen.

Sie können Siri auch ganz ausschalten:

1 Tippen Sie in den *Einstellungen* von iOS auf *Siri & Suchen*.

2 Deaktivieren Sie die oberen drei Schalter.

3 Bestätigen Sie die Sicherheitsabfrage, dass Sie Siri wirklich deaktivieren wollen.

Ausschalten der Ortung

Auch ein iOS-Gerät versucht stets, über die aktuelle Position auf dem Laufenden zu bleiben und damit verschiedene Funktionen zu optimieren. Einmal mehr gilt: Deaktivieren Sie die Ortung, dann sind viele Apps nicht mehr in der Lage, wie gewohnt zu funktionieren. Wenn Sie diese Funktionen aber ohnehin nicht verwenden und der Datenschutzgedanke im Vordergrund steht, dann schalten Sie die Ortung aus:

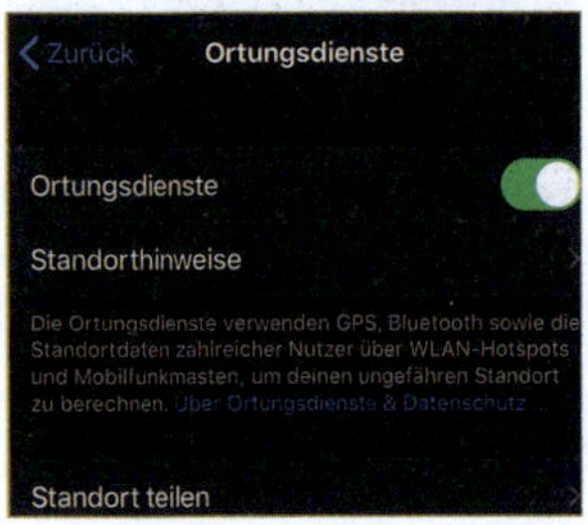

1 Tippen Sie in den *Einstellungen* von iOS auf *Datenschutz*.

2 Deaktivieren Sie den Schalter *Ortungsdienste*.

3 Bei *Standort teilen* deaktivieren Sie alle Optionen.

4 Bestätigen Sie die Sicherheitsabfrage, dass Sie die Ortung wirklich deaktivieren wollen.

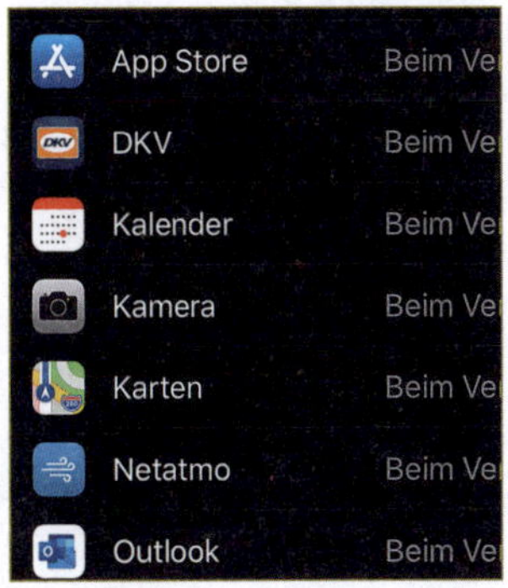

Falls Sie nicht komplett auf die Ortungsfunktion verzichten wollen, ist es ein sinnvoller Kompromiss, wenn Sie den Apps, die keine Ortung benötigen, die entsprechende Berechtigung entziehen.

Dazu finden Sie unter dem obigen Dialog eine Liste von Apps, die die Ortung verwenden. Hier können Sie nun für jede einzelne App auswählen, ob diese die Berechtigung nicht, nur beim Verwenden der App oder immer hat. Nur bei Apps, die im Hintergrund laufen und dabei die Ortung verwenden dürfen, sollte die Option *Immer* eingestellt sein.

Die besuchten Orte bei iOS

Leider viel zu unbekannt ist im Zusammenhang mit der Ortung auf einem iOS-Gerät die Tatsache, dass iOS genau Buch darüber führt, wo Sie zu welchem Zeitpunkt waren. Dabei wird auch ermittelt, welche Orte aufgrund der Häufigkeit Ihrer Besuche wohl besonders wichtig für Sie sind.

Die Liste dieser Orte ist ziemlich gut versteckt. Sie finden sie unter *Einstellungen*, *Datenschutz*, *Ortungsdienste*, dann ganz unten unter *Systemdienste* und wieder recht weit unten unter *Wichtige Orte*.

iOS trägt der Bedeutung dieser Informationen für Ihre Privatsphäre Rechnung, indem es den Zugriff darauf per PIN, Face ID oder Fingerabdruck schützt. Nachdem Sie sich angemeldet haben, sehen Sie die Städte, in denen Sie waren, in einer Übersicht.

Tippen Sie eine Stadt an, bekommen Sie Infos über die Adresse, die Fahrtzeit dorthin, das Datum und die Uhrzeit Ihrer Ankunft an diesem Ort. So schön der damit verbundene Erinnerungseffekt sein mag, es ist dennoch ratsam, diese Funktion auszuschalten. Es sei denn, Sie haben einen wirklich wichtigen Grund, diese Informationen auf Ihrem Gerät zu speichern.

Info

Betaversionen von Apps testen: TestFlight von Apple ist die offizielle Möglichkeit, von Entwicklern Betaversionen von Apps zum Testen zu erhalten. Entwickler können auf diese Weise an den Prüfungen und Normen von Apple vorbei frühe Versionen ihrer App an einen eingeschränkten Anwenderkreis schicken. Diese Anwender können die Apps testen und Fehler melden, die dann bis zur offiziellen Veröffentlichung ausgemerzt werden können. Hier besteht ein gewisses Risiko, dass Sie Ihr Gerät für Schadfunktionen öffnen, aber das gehen Sie als Betatester mit offenen Augen ein.

Apps auf dem iPhone

Auch beim iPhone sind es die Apps, die das Gerät erst wirklich interessant und nützlich machen. Apple ist allerdings deutlich restriktiver als Google, wenn es um die Quellen dieser Apps geht. Der App Store ist die einzige zugelassene Quelle. Im Standard gibt es keine Möglichkeit, Apps von einem Entwickler an Apple vorbei zu installieren.

Für alle installierten Apps können Sie die Berechtigungen separat steuern:

1 Tippen Sie in den *Einstellungen* von iOS auf *Datenschutz*.

2 Sie sehen nun alle Berechtigungen, die Apps haben können, in einer Liste.

3 Klicken Sie eine bestimmte Berechtigung an, dann sehen Sie eine Liste aller Apps, die diese Berechtigung nutzen wollen.

4 Aktiveren bzw. deaktivieren Sie nun die einzelnen Apps, je nachdem, welche Berechtigungen Sie ihnen erteilen wollen und welche nicht.

Der Jailbreak: Keine gute Idee!

Der Begriff „Jailbreak" – zu Deutsch „Gefängnisausbruch" – beschreibt schon sehr gut die vermeintliche Notlage, in der einige Anwender sich sehen: gefangen im Gefängnis der Vorgaben von Apple. Wäre es nicht schön, wenn man viel mehr mit einem iOS-Gerät machen könnte, als Apple erlaubt?

→ Was ist ein Jailbreak?

Der Jailbreak ist eine Methode, um die höchstmöglichen Berechtigungen, sogenannte Root-Privilegien, zu bekommen. Damit können Nutzer iOS zu einem quasi vollwertigen Unix-Betriebssystem machen und frei Software installieren, auf das – sonst gesperrte – Dateisystem zugreifen und vieles mehr.

Das, was ein Jailbreak einem iOS-Nutzer bietet, ist allerdings vergleichbar mit der Situation eines Söldners in einer Stadt, in der Anarchie herrscht: grenzenlose Freiheiten, dafür aber auch nahezu unbeschränkte Risiken. Jede App, die installiert wird und nicht aus dem App Store kommt, kann potenziell alles machen. Und damit auch auf Ihre Daten zugreifen und diese weitergeben, wohin sie mag. Wer kein echter Experte ist, sollte von dieser Möglichkeit daher besser die Finger lassen.

Das Internet der Dinge

Vorbei sind die Zeiten, in denen nur der stationäre PC mit dem Internet verbunden war. Neben den allgegenwärtigen Smartphones und Tablets verbinden sich zunehmend auch Geräte des täglichen Lebens miteinander und mit der großen, weiten Welt. Sie formen das sogenannte „Internet der Dinge" (Internet of Things, IoT) und sammeln eifrig Daten, wenn Sie dies nicht verhindern.

Die Datenlogger am Handgelenk

Unsere Welt wird immer vernetzter, Geräte kommunizieren miteinander und versuchen, Sie optimal zu versorgen – mit Daten, mit Waren, mit Informationen. Sprachassistenten wie Alexa und der Google Assistant, Ihr Smart TV, die Wetterstation, der Rauchmelder, die Webcam, all diese Geräte integrieren sich in Ihr normales Lebensumfeld. So nahtlos, dass sie kaum noch auffallen. Genau hier liegt die Herausforderung: Je unauffälliger sich ein Gerät darstellt, desto unbedarfter gehen Sie damit um.

Fitnesstracker und Smartwatches

Auch Fitnesstracker und Smartwatches gehören in diese Kategorie. Diese sind zwar schon eher als „Datenlogger", das heißt als Geräte, die Daten aufnehmen, erkennbar, doch man vergisst sie schnell. Gegen die Datenerfassung können Sie kaum etwas machen, sonst steht schnell der Sinn und Nutzen des Geräts infrage. Schließlich sollen diese Geräte ja Ihre Fitness beurteilen. Dazu müssen sie Daten wie Position, Puls und Geschwindigkeit aufnehmen. Die Hersteller bieten im Normalfall einen Dienst an, der aus Ihren Daten Empfehlungen ableitet, zum Beispiel das beste Aufbautraining oder Tipps zum Stressabbau. All das nutzt Ihnen. Außerdem versprechen die Anbieter Ihnen Anonymität nach außen. Wenn, dann werden die Daten nur anonymisiert verwendet und sind nicht für die Öffentlichkeit sichtbar.

Unerwartete Risiken: Das Beispiel Strava

Das Beispiel des Fitness-Anbieters Strava zeigt aber, dass die oben beschriebene Anonymität kein Schutz vor der unerwünschten Veröffentlichung von kritischen Daten ist:

Strava ist ein verbreiteter Dienst, der für Läufer gedacht ist. Laufen Sie mit einem geeigneten Fitnesstracker oder einem anderen Gerät, das sich mit Strava verbinden kann, dann können Sie Ihre Laufwege aufzeichnen lassen und viele Informationen wie Pulsschlag, Anstieg und Geschwindigkeit der Strecke zuordnen lassen. Wenn Sie nicht explizit zustimmen, dann werden diese Daten nicht mit anderen geteilt. Allerdings bietet Strava eine sogenannte „Globale Heatmap“ an. Die zeigt grafisch und ohne Hinweis auf die beteiligten Personen, welche Strecken gelaufen werden. Je „heißer“, desto häufiger wird die Strecke genutzt.

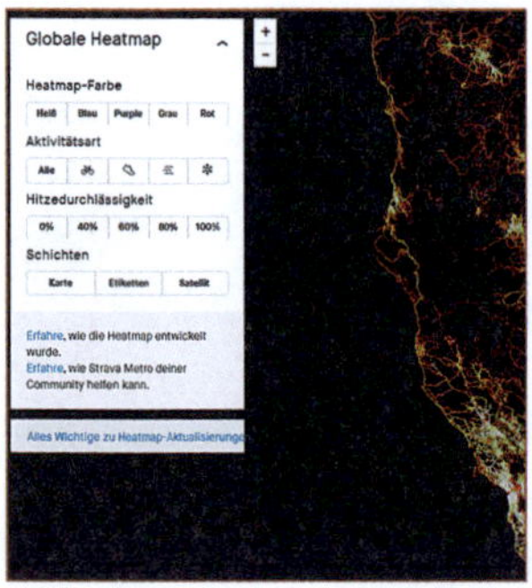

Unproblematisch, meinen Sie? Das war auch die Auffassung des US-amerikanischen Militärs. Die Verantwortlichen fanden es 2017 unbedenklich, ihren Soldaten Fitness-Tracker zur Verfügung zu stellen. Im November war dann der Schrecken groß: Plötzlich er-

Info

Das Interesse der Krankenkassen: Auch Smartwatches erfassen kritische Daten. Nicht umsonst versuchen die Krankenkassen, ihre Mitglieder durch Beteiligung an den Anschaffungskosten dazu zu bringen, Daten aus den Wearables zu teilen. Aus dem Bewegungsprofil, der Herzfrequenz und vielen anderen erhobenen Daten lassen sich Aussagen über die Gesundheit ableiten. Die wiederum könnten dazu dienen, die Konditionen für die Versicherten individuell anzupassen: Beitragssenkungen für die Bewegungsfanatiker, Erhöhungen für die Couch Potatoes.

schienen jedoch in den USA, in Afghanistan und andernorts mitten im Nirgendwo Laufstrecken. Was war passiert? Soldaten hatten ihre Tracker ganz normal genutzt und damit ihre Laufstrecken in und um teilweise geheime Militärbasen aufgezeichnet. Schon erschienen deren Positionen, die nicht für die Öffentlichkeit bestimmt waren, in der Strava-Heatmap. Dies ist ein gutes Beispiel dafür, dass der Mangel an Personenbezug nicht gleichbedeutend damit ist, dass Daten nicht kritisch sind.

Nutzen und Risiken abwägen

Hier ist es wichtig, ganz genau abzuwägen, was Sie selbst wirklich wollen: Wenn Ihnen Empfehlungen aufgrund Ihrer Bewegungsprofile wichtig sind, dann spricht nichts dagegen, derartige Dienste zu nutzen. Wie bei allen anderen Daten sollten Sie sich nur darüber bewusst sein, welches potenzielle Risiko Sie eingehen. Im Zweifel melden Sie sich einfach von dem Dienst ab!

Wenn Sprachassistenten mithören

Sprachassistenten sind weit verbreitet, auch in diesem Buch waren sie schon mehrfach Thema. Gemeinhin könnte man davon ausgehen, dass hier moderne Technik genutzt wird, um das gesprochene Wort in digitale Informationen umzusetzen. Das ist allerdings nicht immer der Fall.

Automatisch heißt nicht ohne Menschen

Wir sprechen in unterschiedlicher Verständlichkeit. Akzent, Dialekt, Sprachgeschwindigkeit führen dazu, dass die gleiche Anweisung komplett unterschiedlich klingen kann. Computer-Algorithmen kommen da schnell an ihre Grenzen und sind manchmal unsicher. In den Fällen, in denen die Qualität der Spracherkennung schlecht ist, wird auch auf menschliche Ohren und manuelle Korrekturen zurückgegriffen.

Das betrifft nicht nur Amazons Echo, sondern auch die Sprachassistenten von Apple, Google, Microsoft und anderen. Die Dienste bewerten nach eigenen Kriterien die Qualität der Erkennung und leiten die Aufzeichnungen an Subunternehmer weiter, die nachträglich die Erkennung kontrollieren und bei Bedarf die Algorithmen anpassen, damit die Erkennung verbessert wird.

Ein Spion im eigenen Haus?

Hinzu kommt, dass die Sprachaktivierung nur dann funktionieren kann, wenn die Geräte immer mithören. Die Befehle „Hey Siri" oder „Alexa" müssen schließlich erfasst werden, um die Spracherkennung einzuleiten.

Diese Tatsache hat schnell zur These geführt, dass Sprachassistenten die Spione im eigenen Haus sind, die die Hersteller kontinuierlich mithören lassen. Das ist allerdings – zumindest bei den verbreiteten Systemen – nicht der Fall. Das Abhören nach den Schlüsselwörtern findet nur auf dem Gerät selbst statt, und die Daten werden innerhalb kürzester Zeit wieder gelöscht. Schließlich geht es um die Aktivierung. Erst, wenn das Schlüsselwort erkannt wird, hört der Assistent mit und übermittelt die gesprochene Anweisung an den Dienstanbieter. Das sichern zum einen die Anbieter selbst zu, es wird aber auch durch unabhängige Experten bestätigt, die den Netzwerkverkehr gemessen haben.

Allerdings kann es vorkommen, dass die Erkennung der Schlüsselphrase fehlerhaft ist: Haben Sie ein Familienmitglied, das „Alexandra" heißt? Viel Spaß mit Alexa! Die kann nicht unterscheiden, ob Sie mit ihr oder mit Ihrer Tochter sprechen. Viele Sprachassistenten bieten daher die Möglichkeit, das Aktivierungswort zu ändern, wenn Sie immer wieder Fehlerkennungen haben. Von „Alexa" beispielsweise auf „Computer" oder „Amazon". Das ändert aber nichts an der Sprachaufnahme nach dem Schlüsselwort. Sie sollten bedenken, dass sich möglicherweise andere Menschen in Reichweite der Mikrofone Ihres Sprachassistenten aufhalten. Während Sie einen Befehl sprechen, wird eine Sprachdatei aufgenommen, die auch die Gespräche im Hintergrund erfasst. Nicht ohne Grund gibt es Lösungen, die ganz offensichtlich die Mikrofone deaktivieren.

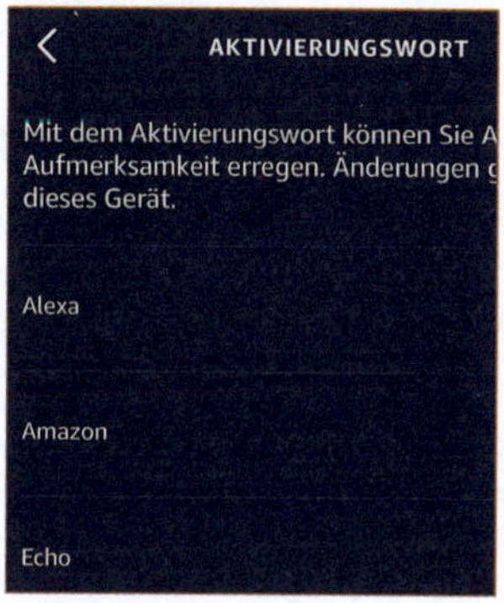

→ Das Mikrofon deaktivieren

Bei den Echos und anderen Sprachassistenten und intelligenten Lautsprechern können Sie das Mikrofon über eine Taste deaktivieren. Dann geht ein rotes Licht an, das deutlich sichtbar anzeigt, dass das Gerät gerade nicht mithören kann. Hat Ihr Gerät das nicht, dann suchen Sie mal im Internet: Für die meisten Geräte gibt es mittlerweile Mikrofonabdeckungen, die vergleichbar mit den Abdeckungen von Webcams sind.

Sie können Ihre Besucher am besten einschätzen. Im Zweifelsfall konfrontieren Sie sie damit, dass ein Sprachassistent im Raum steht, und schalten diesen auf Wunsch des Besuchers aus. Das ist dann das gelebte Recht auf informationelle Selbstbestimmung, das der Datenschutz fordert!

Das Löschen der Daten

Suchanfragen, die Sie über einen Sprachassistenten abgesetzt haben, werden natürlich gespeichert. Die Anbieter versprechen, dass die Daten in regelmäßigen Abständen automatisch gelöscht werden. Allerdings nicht vollständig: Wenn Sie bei Amazon beispielsweise einen Kauf per Sprachbedienung durchführen, dann wird Amazon diese Daten länger vorhalten, um den ausgelösten Geschäftsvorgang nachhalten zu können. Doch auch hier können Sie

in den Einstellungen Ihres Kontos beim Dienstanbieter Ihre Daten – und dazu gehören auch die Sprachaufnahmen – löschen.
Bei Amazons Alexa können Sie das über Ihre Kontoseite im Internet einleiten: Klicken Sie auf *Mein Konto*, *Digitale Inhalte und Geräte*, *Inhalte und Geräte*, dann wählen Sie die Registerkarte *Datenschutzeinstellungen*. Darin klicken Sie auf *Alexa Datenschutz* und *Einstellungen verwalten*.

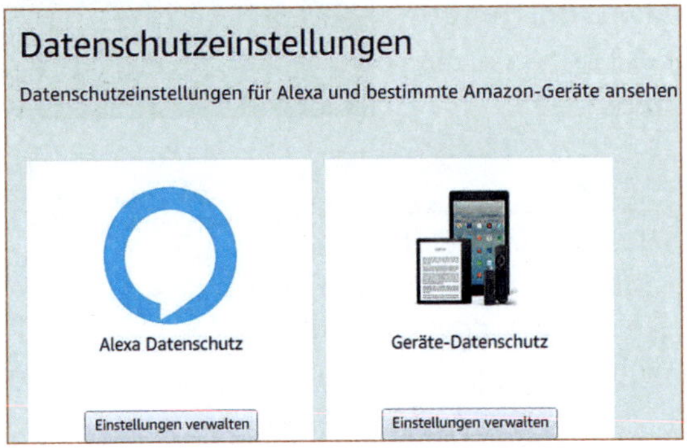

Hier können Sie festlegen, wann die Aufzeichnungen automatisch gelöscht werden (nach 3 bzw. 18 Monaten oder nur manuell), sich den Verlauf der Sprachanweisungen für einen Zeitraum ansehen und diesen auch direkt löschen.
Wie so oft in diesem Buch: Ihre Löschanforderung ist kein Garant, dass die Löschung auch tatsächlich durchgeführt wird. Eine Datenvermeidung von Anfang an ist bei Nutzung dieser Dienste außerdem nicht möglich, denn der Weg Ihrer Sprachdaten auf die Server der Betreiber ist unvermeidbar, zumindest bei den bestehenden Systemen.

Anfälligkeiten und Schutz

Das Internet der Dinge ist zwar kein Neuland mehr, aber es ist weitestgehend unüberwachter Raum. Allein die Vielzahl der Geräte, die heute schon eine Internetanbindung haben, macht die meisten zu Nischenanwendungen. Entweder ist die Internetanbindung nur eine Nebenfunktion, die eher dem Coolness-Faktor dient, oder es gibt aufgrund der geringen Stückzahl nicht viele Geräte eines Modells. Das birgt immer ein Risiko: Sicherheitslücken kommen bei IoT-Geräten immer wieder vor.

Wenn IoT-Geräte gehackt werden

Ein Beispiel dafür sind IP-Kameras, die in vielen Häusern, Gärten, Ferienanlagen und öffentlichen Plätzen eingesetzt werden. Diese nehmen nicht nur reine Bildinformationen auf, sondern versuchen unter anderem auch, Objekte zu identifizieren, Gesichter zu erkennen und vieles mehr. Durch den Einsatz von KI dürfte sich dieser Trend in Zukunft weiter verstärken. Viele davon sind sehr günstig, stammen allerdings aus nicht unbedingt vertrauenswürdigen Quellen.

Ganz unabhängig davon, dass das Videomaterial, das sie erzeugen, schützenswerte Daten enthält, sind Webcams auch gern gekaperte Geräte, mit denen man Angriffe im Internet fahren kann. Wer die Webcam – oder ein anderes IoT-Gerät – unter seiner Kontrolle hat, kann sie für DDoS-Angriffe auf Webseiten einsetzen. Spätestens seit dem Mirai-Botnetz, das ungefähr 600 000 solcher Kameras übernommen und für Angriffe auf Server genutzt hat, ist das Risiko solcher Geräte bekannt.

Info

DDoS-Angriffe: Eine Distributed-Denial-of-Service-Attacke nutzt eine riesige Zahl an Geräten, um gleichzeitig Anfragen an einen Server oder eine Webseite zu schicken. Diese Seite bricht dann unter der schieren Menge der Anfragen zusammen und ist nicht mehr erreichbar. Wurde Ihr Gerät gekapert, dann ist eine der IP-Adressen, die zum Absturz der Webseite oder des Servers geführt haben, die Ihre.

Nicht nur Webcams sind von solchen Datenpannen betroffen: Ende 2019 bekamen diverse Telekom-Kunden eine E-Mail und einen Brief. Darin wurden sie über einen Virus in einem ihrer Geräte informiert. Die QSnatch-Malware hatte ganz speziell QNAP-Netzwerkfestplatten befallen, die dann von einem Botnetz übernommen wurden und für DDoS-Attacken eingesetzt werden sollten. Wie können Sie sich davor schützen, dass eines Ihrer Geräte gehackt wird? Das ist leider schwierig und nur eingeschränkt möglich. Beachten Sie aber zumindest Folgendes:

Updates installieren

Bei allen IoT-Geräten gilt – wie bei allen anderen vernetzten Geräten – ein Mantra: Updates, Updates, Updates. Stellen Sie sicher, dass alle Ihre Geräte regelmäßig mit den aktuellen Firmwareupdates versehen werden. Vernünftige Hersteller sorgen dafür, dass erkannte Sicherheitslücken schnell geschlossen werden. Auch das ist keine absolute Sicherheit, aber zumindest ein Schritt zu mehr Sicherheit. Wie gut Sie auf diese Weise geschützt werden, hängt auch vom Hersteller ab.

Geräteauswahl mit Augenmaß

Wie in so vielen Bereichen unseres Lebens gilt auch hier: Wer billig kauft, kauft doppelt – oder, im Zusammenhang mit IoT-Geräten, zahlt gegebenenfalls mit seinen Daten. Dabei geht es nicht darum, sämtliche Hersteller günstiger IoT-Geräte pauschal zu verdammen. Doch wenn Sie eine günstige Kamera aus Massenfertigung kaufen, dann ist die Wahrscheinlichkeit, dass Sie regelmäßig Updates erhalten, deutlich geringer, als wenn es ein Markenprodukt ist. Das liegt vor allem daran, dass bei den günstigen Geräten oft Bauteile verwendet werden, die gerade günstig verfügbar sind. Dadurch unterscheidet sich die Firmware von Gerät zu Gerät in vielen Fällen signifikant. Da ist das Bereitstellen von Updates schwierig und für den Hersteller wenig rentabel.

Kennwörter ändern

Neben technischen Mängeln ist eines der Haupteinfallstore bei IoT-Geräten die Nachlässigkeit der Benutzer: Die meisten Geräte schützen den Zugang zur Konfigurationsoberfläche und den Sensoren und Daten durch Benutzernamen und Kennwort. Diese stehen in den Handbüchern und sind damit für jeden Interessierten einsichtig. Sie sind auch nicht speziell oder kompliziert. Viele Geräte verwenden „admin" als Benutzernamen und „admin" oder „1234" als Kennwort.

→ Ändern Sie das Kennwort sofort!

Wenn Sie sich in der Freude an einem neuen technischen Spielzeug dazu hinreißen lassen, diese Zugangsdaten erst mal unverändert zu lassen und die Funktionen des Geräts zu testen, dann ist es ab diesem Zeitpunkt quasi für jeden zugänglich, der es aus dem Internet erreichen kann. Und was Sie einmal als Provisorium akzeptiert haben, hält ewig. Die Wahrscheinlichkeit, dass Sie die Zugangsdaten später noch einmal ändern, wird von Stunde zu Stunde geringer. Darum gilt: Ändern Sie als Erstes das Kennwort und wählen Sie eines, das nicht leicht zu erraten ist (Tipps für gute Kennwörter finden Sie ab S. 45).

IoT-Watchdogs

Verschiedene Hersteller bieten Geräte an, die Ihr Netzwerk überwachen und nach Auffälligkeiten suchen. Das soll helfen, Geräte zu identifizieren, die von Malware infiziert sind und damit vielleicht Ihre Daten an Fremde weiterleiten. Ein solcher „Watchdog" ist zum Beispiel die Bitdefender Box. Was in der Theorie gut klingt, ist in der Praxis ein zweischneidiges Schwert: Damit dieser (vermeintliche) Schutz funktionieren kann, müssen Sie der Box vollumfänglichen Zugriff auf den Datenverkehr im Netzwerk erlauben. Wie bei einem VPN-Netz (siehe Kasten auf S. 116) müssen Sie darauf vertrauen, dass der Anbieter die Daten nicht für eigene Zwecke nutzt.

Doch selbst wenn der Anbieter vertrauenswürdig ist, können Sie sich auf diesen Schutz weit weniger verlassen als auf den Virenscanner Ihres PCs. Sie Identifikation eines Schädlings und das Erkennen des daraus resultierenden Datenabflusses ist sehr schwierig: Entweder stellen Sie die Schwellwerte für einen Alarm sehr hoch ein, um möglichst viele potenzielle Bedrohungen zu erkennen: dann werden Sie immer wieder sogenannte „False Positives", Fehlalarme erleben, bei denen Geräte fälschlicherweise als Bedrohung eingestuft werden. Oder Sie setzen die Schwelle so niedrig, dass Sie möglichst wenig gestört werden: dann riskieren Sie, dass Sie von Eindringlingen oder Fehlfunktionen nichts mitbekommen.

Ein Blick in die Zukunft

Wann immer Sie über die Zukunft nachdenken, sehen Sie ein unklares Bild von Befürchtungen und Hoffnungen, aber nichts wirklich Konkretes. Schauen Sie später zurück, dann wundern Sie sich, wie viel unkomfortabler die Welt damals war und wie toll die Entwicklungen. Vernetzte Haushaltsgeräte und der fernsteuerbare Haushalt waren noch vor zehn Jahren eine Zukunftsvision aus einem Science-Fiction-Film, heute können sich viele Anwender eine Welt ohne diese Funktionen gar nicht mehr vorstellen.

Schöne neue Welt?

Aldous Huxley hat schon 1932 mit seiner Dystopie „Brave New World" („Schöne neue Welt") das Bild einer Zukunft gemalt, die beängstigend ist. Totale Kontrolle durch Informationen und die, die sie zur Verfügung haben, ist hier ein zentrales Thema. Ebenso in George Orwells „1984". Wenn man sich ansieht, welche Entwicklung in den vergangenen Jahren stattgefunden hat, dann ist eine Prognose für die Zukunft potenziell düster: Daten sind die neue Währung, Informationen werden gezielt eingesetzt, um Meinungen zu bilden und zu lenken. Fake News sind verbreitet und durch die neuen KI-Modelle gewinnen die großen Konzerne noch mehr Einfluss.

Abhängig von den Internetseiten und Diskussionsforen, die Sie besuchen, werden die Zukunftsvisionen positiver oder bedrückender sein. Das öffentliche Leben könnte beispielsweise mittels eines Sozialkredit-Systems gesteuert werden, wie es in China bereits im Einsatz ist. Alle möglichen Quellen würden dann herangezogen, um Sie zu bewerten: Bonität, Strafregister, Einkäufe, Äußerungen in Foren und sozialen Netzwerken, all das würde beurteilt werden und zu einem Zahlenwert führen, dem sogenannten Score. Je systemfreundlicher und angepasster Sie wären, desto höher wäre dieser Wert. Und je höher er wäre, desto mehr Vorteile hätten Sie: Lieferungen kämen schneller, Sie bekämen leichter einen Job, eine bessere Wohnung. Freie Meinungsäußerung wäre ein Papiertiger, keine Lebensauffassung mehr.

Info

Die Zukunft ist intelligent(er): KI-Chatbots wie ChatGPT und Co. sind in aller Munde. Ihre Entwicklung steht noch ganz am Anfang. Eins ist sicher: sie werden immer schlauer. Je mehr Daten Sie im Internet hinterlassen, desto detaillierter wird Ihr Bild. Daten werden miteinander in Beziehung gesetzt, mit denen von Milliarden anderer Menschen verglichen und Wahrscheinlichkeitsmodelle errechnet. Bald weiß die KI nicht nur, was sie bisher gemacht haben, sondern wird mit einiger Wahrscheinlichkeit vorhersagen können, was Sie in Zukunft tun. Oder was nötig ist, damit Sie eine bestimmte Entscheidung treffen.

Die wachsende Bedeutung des Datenschutzes

Wenn Sie jetzt schlechte Laune bekommen, ist es sinnvoll, einmal kritisch zu hinterfragen, wie realistisch solche Szenarien wirklich sind. Wir Europäer genießen einen umfassenden Schutz durch die Datenschutzgesetzgebung in Form der Datenschutz-Grundverordnung (DSGVO). Der Einwand, dass das bei Unternehmen, die nicht in Europa sitzen, wenig Wert habe, springt zu kurz. Der räumliche Geltungsbereich greift nämlich noch weiter und schützt auch Verarbeitungen personenbezogener Daten, die unter anderem im Rahmen von Tätigkeiten einer Niederlassung in der EU stattfinden, selbst dann, wenn die eigentliche Datenverarbeitung außerhalb der EU durchgeführt wird.

Durch die extreme Höhe der Bußgelder, die bei Verstoß gegen Datenschutzrecht verhängt werden können, sind hohe Hürden gesetzt. Die oben beschriebene Konsolidierung von Daten, um einfach alles über eine Person in Erfahrung zu bringen, ist rechtlich in unseren Gefilden einfach nicht zulässig. Die immer wieder durch die Presse gehenden Datenschutzskandale zeigen eindrucksvoll, dass schwarze Schafe schnell identifiziert und bestraft werden.

Aus rechtlicher Sicht sieht die Zukunft also deutlich weniger düster aus, als viele Schwarzseher vermuten.

Sie haben es in der Hand!

Keine Frage, die Technologie wird sich weiterentwickeln, es wird noch mehr Geräte geben, die in Ihrem Alltag Einzug halten und die an Ihrem Leben – und Ihren Daten – teilhaben. Dennoch haben Sie es größtenteils selbst in der Hand, wie viele Informationen Sie im Internet der Dinge und ganz allgemein im Internet preisgeben.

Updates und Einstellungen

Auch wenn Sie es nicht mehr lesen können: Updates sind wichtig. Alle Geräte haben Software installiert. Diese Software ist es, die Ihre Daten verarbeitet und nach draußen gibt – sei es auf die vorgesehene Art und Weise oder unerwünscht durch einen Fehler. Aktualisieren Sie daher alle Geräte regelmäßig. Wenn eine automatische Aktualisierung möglich ist, dann schalten Sie diese Option ein. Das gilt übrigens auch für die Apps, die Sie verwenden.
Kontrollieren Sie bei allen Geräten und allen Apps, die darauf laufen, die Einstellungen. Legen Sie fest, dass nur die Daten übertragen werden, die auch übertragen werden müssen oder von denen Sie es wollen. Deinstallieren Sie Apps und Programme, die Sie eigentlich nicht brauchen.

→ Was Sie tun können

Updates stellen sicher, dass Sicherheitslücken schnellstmöglich behoben werden. Installieren Sie sie daher immer sofort! Kontrollieren Sie auch die Einstellungen und passen Sie sie an, um die Datenerhebung auf ein Minimum zu reduzieren.

Internet und E-Mail

Wenn Sie mit den Standardeinstellungen im Internet surfen, hinterlassen Sie eine Vielzahl an Spuren. Cookies, Plugins, die Merkmale Ihres Rechners, die Verbindungsdaten und E-Mail-Adressen beinhalten viele persönliche Informationen, die Sie gegebenenfalls gar nicht preisgeben möchten.
Konfigurieren Sie Ihren Rechner und Ihren Internetzugang so, dass Sie nur die Informationen herausgeben, die Sie herausgeben wollen, und alle anderen verbergen. Möglich ist das über die Browsereinstellungen, die Verschlüsselung der Verbindung durch ein VPN oder das Ausschalten der Sensoren an den Geräten (etwa des GPS-Empfängers oder der Webcam).

→ Was Sie tun können

Konfigurieren Sie Ihren Browser, um Tracking zu verhindern, nutzen Sie eine verschlüsselte Verbindung, schalten Sie Kamera, Mikrofon und Ortung ab. Je weniger Informationen Sie ins Internet übertragen oder von Webseiten ermitteln lassen, desto weniger weiß das Netz über Sie.

Soziale Netzwerke und andere Dienste

Ein gewisses Mitteilungsbedürfnis hat jeder von uns. Die sozialen Netzwerke sprechen da eine deutliche Sprache. Dennoch sollten Sie vorher für alle Dienste und Netzwerke, die Sie nutzen, die für Sie passenden Privatsphäre-Einstellungen festlegen. Wer soll Ihre Posts lesen? Wer soll Sie markieren können? Besser, Sie machen sich schon vor dem ersten Post darüber Gedanken, statt später mit viel Mühe zu versuchen, Beiträge zu löschen.
Kontrollieren Sie diese Einstellungen regelmäßig, und fordern Sie die Daten, die über Sie gespeichert sind, an. „Googeln" Sie sich auch regelmäßig selbst, um einen Eindruck zu bekommen, wie Sie im Internet zu finden sind.

→ Was Sie tun können

Niemand schreibt Ihnen vor, was Sie über sich veröffentlichen. Sie sollten diese Entscheidung bewusst treffen und eine Balance zwischen Sichtbarkeit und Ihrer Privatsphäre finden.

Das Smartphone muss nicht alles wissen

Auch wenn Sie Ihr Smartphone immer dabeihaben und es damit vieles aus Ihrem Leben mitbekommt, gilt die Faustregel: Je weniger Daten es sammelt, desto besser ist das für Ihre Privatsphäre. Kontrollieren Sie, was Ihr Smartphone aufzeichnet und wo die Daten hingehen. Schauen Sie regelmäßig durch die Liste der installierten Apps und deinstallieren Sie die, die Sie nicht mehr brauchen.

→ Was Sie tun können

Sie nutzen nur einen Bruchteil der Funktionen Ihres Smartphones. Schalten Sie die anderen einfach aus, dann verringern Sie die Datenmenge, die erfasst wird.

Ein Kühlschrank kühlt auch ohne Internet

Keine Frage, es ist cool, wenn der Kühlschrank seinen Inhalt kennt und Produkte nachbestellt, die zur Neige gehen. Oder wenn der Fernseher aufs Wort zuhört. Diese Funktionen bezahlen Sie aber mit Ihren Daten. Wenn die Internetanbindung bzw. die Vernetzung nicht nötig ist, können Sie sie einfach deaktivieren. Die eigentliche Funktion der Geräte wird dadurch meist nicht beeinflusst.

→ Was Sie tun können

Je mehr Geräte Daten sammeln, desto mehr Daten geben Sie preis. Wägen Sie ab, wann der Nutzen diesen Preis wert ist.

Sie sind Ihres (Daten-)Glückes Schmied!

Wenn Sie bis hierhin gekommen sind, dann haben Sie eine Menge an Möglichkeiten kennengelernt, wie Sie Ihr Recht auf informationelle Selbstbestimmung ausüben können. Nur in wenigen Ausnahmefällen werden Ihre Daten ohne Ihr Zutun beziehungsweise ohne eine Möglichkeit, dem entgegenzuwirken, verarbeitet. Machen Sie sich Gedanken darüber, was Sie von sich preisgeben wollen und wie Sie die damit verbundenen Risiken einschätzen. Und vor allem: Freuen Sie sich an den unendlichen Möglichkeiten, die die Technik Ihnen bietet, statt sich verängstigen zu lassen. Sie haben es in der Hand!

Hilfe

Stichwortverzeichnis

J/K

L, M

N

O

P

R

S

T

U, V

W

X–Z

Die Stiftung Warentest wurde 1964 auf Beschluss des Deutschen Bundestages gegründet, um dem Verbraucher durch vergleichende Tests von Waren und Dienstleistungen eine unabhängige und objektive Unterstützung zu bieten.

Andreas Erle ist Blogger und Autor zahlreicher Bücher und Artikel zu den Themen Computer, Smartphone und Internet. Bei der Stiftung Warentest sind von ihm unter anderem die Ratgeber „Windows 11" sowie „Alle Daten sicher" erschienen.

Unser Umweltversprechen

100 % Recyclingpapier spart Holz, Wasser und Energieressourcen

Gedruckt mit mineralölfreien Druckfarben

Produziert in Deutschland: kurze Transportwege und hohe Umweltstandards

Lützowplatz 11–13, 10785 Berlin
www.test.de, email@stiftung-warentest.de

USt-IdNr.: DE136725570

Vorständin: Julia Bönisch
Weitere Mitglieder der Geschäftsleitung:
Dr. Holger Brackemann, Daniel Gläser und
Dr. Birger Venn-Hein

Programmleitung: Niclas Dewitz
Autor: Andreas Erle
Projektleitung: Johannes Tretau, Eva Gößwein
Lektorat: Eva Gößwein, Magnus Enxing
Korrektorat: Magnus Enxing
Fachliche Unterstützung: Martin Gobbin, Benjamin Barkmeyer, Robert Brandt, Georg Dahm
Titelentwurf: Christian Königsmann
Layout: Büro Brendel, Berlin
Grafik, Satz: Annett Hansen, Berlin
Screenshots: Andreas Erle
Bildnachweis: Umschlag: AdobeStock (Titel); GettyImages

Produktion: Anne-Katrin Körbi
Verlagsherstellung: Rita Brosius (Ltg.), Romy Alig, Susanne Beeh
Litho: tiff.any, Berlin
Druck: MEO MEDIA, eine Marke der Meinders & Elstermann GmbH & Co. KG, Belm

ISBN: 978-3-7471-0741-6